JN262067

音楽が創る治療空間

精神分析の関係理論とミュージックセラピィ

稲田雅美 著 Masami Inada

The space of music therapy

ナカニシヤ出版

はじめに

　本書は，欧米にその理念と実践の発端をもつミュージックセラピィ music therapy の意義を明らかにするとともに，セラピストの音楽的介入の時機や有効な介入のあり方を論じるものである。本書における議論の大部分は精神分析の関係理論に依拠し，セラピストとクライエントのあいだで生まれては消える音を生きた言葉のように扱う治療空間のダイナミクスを扱っている。したがって，既存の音楽が無条件に使用される傾向にある，いわゆる「音楽療法」の概説ではない。

　近代のミュージックセラピィは，第二次世界大戦の帰還兵に対するリハビリテーションとして，米国の病院が音楽活動を導入したことに端を発し，長らく行動療法的なアプローチによりその効果を実証してきた。しかし，音楽そのものが人間の内的生活に及ぼす影響や，セラピストとクライエントの関係性においてもたらされる音楽活動の治療的意義について考察するには，精神分析の諸理論，なかでもとくに母子関係理論に依拠することがふさわしいと思われる。精神分析の関係理論はまた，セラピィの空間において生起する音やその他の非言語的事象を，言語が意味を結ぶ過程と関連づけることにより，クライエントを意味や関係の連鎖に導き入れるための，セラピスト側のこころの構えを論じるにも有効な理論である。

　本書の構成は以下のとおりである。

　序章においては，ミュージックセラピィが欧米で体系化された経緯や，初期の学術的研究を俯瞰する。

　第1部は，ミュージックセラピィ固有の技法としての「即興演奏」の意味を明らかにするとともに，即興演奏を実施するセラピストの役割について，最早期の母子関係における「母親の機能」に対応させながら五つの章にわたって多角的に論じるものである。

　1章では，即興演奏はセラピストとクライエントのあいだの音楽的な「対

話」であり，両者の信頼関係を築く礎となることについて，演奏の展開例を交えながら概観する．また，クライエントから発せられる音にはしばしば不安や葛藤が反映されるが，そのような心的状況を即興演奏のなかで新たな方向へと差し向けるセラピストの役割について論じる．

2章では，Stern, Winnicott, およびBionによる早期母子関係理論を概観し，それらの理論が即興演奏を中心とした音楽活動の治療的意義を支えるバックボーンとなることを明らかにする．

3章では，二つの事例をもとに，即興演奏の展開とセラピストの働きかけを通じてクライエントの気づきや行為が変化していく様相について検討する．第一の事例では，既成の視覚作品を即興演奏の題材に用いることにより，クライエント同士の音楽的相互作用が促進されるとともに，クライエントはそれらの視覚作品に「抱えられ」，精神療法的な意味での「遊ぶこと」へと自らを導くことを明らかにする．

第二の事例では，高度な音楽能力をもつクライエントが，自己防衛のため，あるいは自己の脆弱性を隠蔽するための演奏の仕方から，周囲の状況を読みつつ他者の音を「抱える」奏法へと転換させる様相について，セラピストの包容機能と並行させて論じている．

4章では，描画と音楽という異なる芸術媒体の統合的活用について，事例を通して考察する．即興演奏の題材として視覚媒体を導入する意義については3章の一事例で論じたが，ここでは，クライエント自身が描画を制作し，その作品をもとに即興演奏を試みる意義について検討する．

5章では，クライエントの「病いの語り」としての即興演奏が，セラピストの音と織り合わされることによって「語らい」となり，さらには文化的体験へと変容することを論じる．またFreudによる文化の定義に添いつつ，即興演奏は文化の支えによって「語り」となる一方，その語りの表現様式が文化によって拘束されることについて考察する．

第2部は，言語構造を手がかりに人間の関係を解明しようとする精神分析の領域内に入り，シニフィアンの概念を適用して，クライエントを「関係性」の世界に導き入れるためのセラピストの役割について議論するものである．以下の二つの章において，音楽と言語構造の関連を解明しつつ，病的な表現様態の

なかに潜む関係性構築の可能性や自己治癒の契機を見出していく。

　6章では，音楽の成立において，言語象徴化作用を支える根源的シニフィアンに対応する「根源的律動」というものを想定し，Lacan の言説や Deleuse & Guattari の芸術論に依拠しつつ，この根源的律動の作用が，病いにある人びとをシニフィアンの連鎖に導き入れる可能性をもつことについて論じる。ここで見出されることは，「シンクロニー」の経験によってのみ確められる根源的律動の存在をクライエント自身が感じとるために，セラピストがクライエントとともに，シニフィアンとしての「リトルネロ」を形成する音楽をつくっていく必要性である。

　7章は，クライエントの病的な表現様態の奥に存する自己治癒的な側面について，シニフィアンの漂いのなかで「機知」を生起させる様相と関連づけて論じるものである。クライエントの時として唐突な行為，あるいは一見脈絡のない連続的行為は，彼らの内奥でアルファ要素化される手前にある要素群であるとみなされ，このような表現様態は，セラピストの「アルファ機能」によって創造的な表現へと変換される。「機知」の形成はそのひとつの具現化と見られる。また本章では，クライエントのさまざまな表現様態をセラピストが掬いとり，それらを創造行為の必須要素として据えていくことによって，ミュージックセラピィが治療的行為を超えた芸術的営為としての価値を帯びると結論づけている。この結論は，1章で論じた即興演奏におけるセラピストの基本姿勢へと帰還し，本書の全章をひとつの円環として閉じ合わせる役割を担っている。

　なお，本書は，2008年度に京都大学大学院人間・環境学研究科に提出した博士論文「ミュージックセラピィの実践におけるセラピストのあり方についての研究：精神分析の関係理論を踏まえて」を土台としている。本書の各章にわたって理論的背景の解説や議論の内実が多少重複しているのは，上記学位論文の各章が独立した論文として専門誌に掲載されたものであることに由来する。本書の性格上ご容赦いただきたい。本書の1章，2章，3章は，博士論文の概説的な三つの章（刊行論文では2004b，2005，2007b。以下，巻末の文献一覧参照）をもとに，ミュージックセラピィの概論，理論的背景，事例としてまとめ直したものである。5章は，稲田2006を，6章と7章は，稲田2007aおよび2008を，それぞれ若干加筆修正したものである。また4章は，稲田2010を加

筆修正したもので，その内容は学位論文には組み込まれていない。なお，4章以下の各章では，内容展開の性質上，冒頭に〔道しるべ〕を付している。最後に，第1部と第2部のあいだの『間奏曲』は，日本音楽療法学会誌に寄稿した論文（2004a）の一部である。

　本書への転載にあたり，各学会および学術誌出版元のご厚意に深謝いたします。

目　　次

はじめに　*i*

序章 ——————————————————————————————*1*
1. ミュージックセラピィの歴史的変遷　*1*　2. 精神分析的アプローチの基礎研究との関連において　*2*

第1部　音楽の治療的応用に関する諸論

1章　ミュージックセラピィの概観 ——————————————————*7*
1節　即興音楽が生まれる場　*7*
1. ミュージックセラピィとは　*7*　2. 即興演奏とは　*8*　3. 音による対話　*9*　4. 楽器の種類について　*10*

2節　臨床における即興演奏の様相　*11*
1. 自己防衛としての表現　*11*　2.「閉じた」リズムと「閉じた」メロディ　*12*　3. 自閉対象と自閉形象　*13*

3節　即興演奏の治療的発展　*15*
1.「閉じたリズム」への対応　*15*　2.「閉じたメロディ」への対応　*16*

4節　グループセラピィとしてのミュージックセラピィ　*17*
1. グループ形態による音楽活動の意義　*17*　2. グループの発展　*18*

2章　ミュージックセラピィの理論的背景 ——————————————*23*
1節　Sternの理論：こころの「調律」　*23*
1. 導入　*23*　2. 情動調律と生気情動　*23*　3. 音のやりとりと情動調律　*25*　4. 情動調律の不成立　*26*

2節　Winnicottの理論：「遊ぶこと」と「演奏すること」の同一性　*27*
1. 導入　*27*　2.「抱えること」から「離乳させること」へ　*27*　3.「母親

の機能」の不全 *28* 4.「移行対象」と「可能性空間」 *29* 5. ミュージックセラピィにおける「遊ぶこと」と「可能性空間」 *30*

 3節 Bion の理論：音楽と夢見 *32*
  1. 導入 *32* 2. 包容機能の概要 *32* 3. アルファ機能の内在化 *33* 4. アルファ機能の不全 *34* 5. セラピストの包容機能 *35*

 4節 治療と芸術 *36*
  1. 芸術における応答 *36* 2. セラピストの応答性 *38* 3.「変形」と象徴形成 *38*

3章 ミュージックセラピィの事例：グループ活動を中心に ── *41*

 1節 視覚媒体における「抱える機能」の代替的役割 *41*
  1. 視覚作品の特徴 *41* 2. 即興演奏の様相 *42* 3. 考察 *45*

 2節 高度な音楽技能をもつクライエントの「包容機能」 *47*
  1. グループのプロフィール *47* 2. 小グループにおける即興演奏の様相 *48* 3. 二人組および大グループにおける即興演奏の様相 *49* 4. 考察 *51* 5. 音楽的現象の検討 *53*

4章 描画に託す音楽・音楽に託す描画：セラピィのコラボレーション ── *57*

 1節 描画と音楽，その創作への道筋 *57*
  1. 即興演奏における時間の意識 *57* 2.「反復」の意味 *59*

 2節 描画と音楽の統合的活用 *60*
  1. 描画制作と即興演奏 *60* 2. 描画制作における枠づけ *62*

 3節 臨床における実際 *63*
  1. Tシャツ柄の事例 *64* 2.「私のソナタ」の事例 *66* 3. 病理的な事例 *68*

 4節 芸術と夢見 *69*
  1. Bion の夢見 *69* 2. 包容機能による夢見への働きかけ *70* 3. 総括 *72*

5章 ミュージックセラピィと「病いの語り」 ── *73*

 1節 病いの語り *73*
  1. 語りの萌芽 *73* 2. 音による病いの語りの様相 *74* 3. 文化と「病

いの語り」 *76*

2節 Freud から見る，音楽の語り　*77*

1. Freud による文化の定義，および，昇華と空想　*77*　2. 精神内界における強迫感　*78*　3. セラピストからの脅迫とセラピストへの同一視　*79*　4. ためらいのなかの「かなしみ」　*80*

3節 治療的介入と語りの変遷　*80*

1. 語りと語らい　*80*　2. 秩序から遊びへ　*81*　3. 〈まねび〉から遊びへ　*82*

4節 病いの語りの終着点　*83*

1. 語りの様相と文化的体験　*83*　2. 文化との和解　*84*

『間奏曲』 ミュージックセラピィのプラクティス ——— *87*

第2部　言語構造との関連から見る音楽の生成に関する諸論

6章　芸術的営為の道程に存する治療的意義：音楽の根源的シニフィアンを求めて ——— *93*

1節 シンクロニーの生成　*93*

1. コミュニケーションにおけるタイミング　*93*　2. 時間感覚の獲得とシンクロニー：発達学的見地から　*95*　3. 鏡像段階とシンクロニー：精神分析的見地から　*96*　4. 〈父の名〉のシニフィアンと「根源的律動」というシニフィアン　*97*

2節 病者の表現特性　*99*

1. 既成の音楽への依存　*99*　2. パターンへの固執　*100*

3節 シンクロニーから芸術的営為へ　*101*

1. リトルネロについて　*101*　2. モチーフについて　*103*　3. 臨床における芸術的営為　*103*

4節 治療から創造活動へ　*105*

1. カオスへの回帰　*105*　2. 沈黙の力　*106*

7章 ミュージックセラピィにおける，
音の作用と「機知」の可能性について ———————————109
　　1節　即興演奏における音の様相　　*109*
　　　　1. 治療的な音楽活動における即興演奏の概略　*109*　2. 即興演奏における特異な反応　*110*　3. 特異な行為の奥にあるもの　*110*　4. 音楽的な語りの促進　*112*
　　2節　CD鑑賞における音楽の様相　　*112*
　　　　1. 鑑賞作品の選択　*112*　2. 一連の行動の奥にあるもの　*114*　3. 機知への動き　*115*　4. 機知の「見做し」　*116*
　　3節　音楽におけるアルファ機能　　*118*
　　　　1. 創造的なカオスへの移行　*118*　2. 創造的なカオスから再び分化へ：人称性や笑いとの関連　*119*　3. 総括　*120*

あとがき　*123*
参考文献　*127*
索　　引　*135*

序　章

1．ミュージックセラピィの歴史的変遷

　ミュージックセラピィは，20世紀半ばの米国で大学機関における研究領域となったことを契機に体系化，制度化され，今日では英国および英連邦諸国と，欧州や南米の一部諸国においても，それぞれ独自の風土や治療哲学を背景に発展を続けている。

　体系化されたミュージックセラピィの全体を見通すと，行動主義的アプローチ，人間性心理学的アプローチ，精神分析的アプローチに大別できる（稲田 2003a）。

　行動主義的アプローチはとりわけ米国において長らく実践の要であった。それは，米国におけるミュージックセラピィが，第二次世界大戦の帰還兵のためのリハビリテーションとして適用されたことと無縁ではない。観察可能な行動のみを対象として行動変化を計量化するこのアプローチは，治療効果を明瞭に示す必要のある当時の臨床現場のニーズに十分適ったものであった。それはまた，ミュージックセラピィという概念が医学的，社会的に広く認知されるためにも貢献した。米国のミュージックセラピィ関連雑誌には，現在も行動理論に基づく論文が多数を占めている。

　やがて新たな機運として，人間性心理学に基づく実践や研究が台頭してきた。その背景には，行動理論のもとでは音楽は単に人間の行動がより適応的なものへと導かれる強化子としてしかみなされないゆえに，行動理論は音楽の力が人間の内的生活にまで及ぶことについて検討するには無力であるという見解があった。米国のミュージックセラピィ界では，行動主義を基盤とする組織（National Association of Music Therapy: NAMT）と人間性心理学を基盤とする組織（American Association of Music Therapy: AAMT）が，半ば対立的に

存在していた時期もあった。しかしこの二つは1998年に統合され，現在はAmerican Music Therapy Association: AMTAが米国の統一組織として機能している。人間性心理学に基づくミュージックセラピィでは，共感と非審判的な態度を保持するセラピストによって導かれる治療的人間関係のもとに音楽活動が展開される。その主眼は，クライエントが成功体験の積み重ねを通じて自己尊重の感覚を獲得することにある。このアプローチは，Alvin（1965, 1966, 1978）やNordoff & Robbins（1971, 1977）によって先駆的に推進された治療的な即興演奏の意義を説明するのに適っており，今日もミュージックセラピィの多くの事例研究を支えている。

　一方，精神分析の関係理論を適用した研究や実践の出現は，セラピスト－クライエント関係のダイナミクスと，音楽の意味や価値とを関連的に追求するための必然の動きと言える。精神分析的アプローチの先駆者であるPristley（1975）は，Freudの理論に基づき，治療的な即興演奏は抑圧された感情や無意識的な葛藤を放出するひとつの水路になると論じた。その後，とくに英国においては，WinnicottやBionの理論に依拠する研究が盛んになる。現在も精神分析的考察がより深化していることについては，英国の学術雑誌 *British Journal of Music Therapy: BJMT* に掲載される多くの論文が示すところである。

　本書はこの英国の傾向の流れの内にある。著者が英国でミュージックセラピストの訓練を受けたときにWinnicottの理論に出会って以来，また精神科臨床の一環としての音楽活動を実践するなかで，ミュージックセラピィの実践者はどのような立ち位置をとって，身体的機能にも知的機能にも語彙力としての言語機能にも不自由のない人びとの何を支えるかという，まだ多くは語られていないテーマについて自問し続け，精神分析の関係理論をさらに参照することとなった。

2．精神分析的アプローチの基礎研究との関連において

　Noyは1966年から67年にかけて5回にわたり，米国の専門雑誌 *Journal of Music Therapy: JMT*（NAMT発行）に一連の膨大なレビュー論文を著した。この一連の論文には，音楽を精神分析的見地から言及した1910年代から1963

年までにわたる 150 余の文献が網羅されている。音楽の起源などを語る音楽学の領域，あるいは音楽と情動喚起の関係を論じる音楽心理学分野の研究も多少は見られるものの，精神分析に関連する音楽研究の総括が，行動理論的性格の強い学術誌に大きな紙幅を割いて，ましてや行動理論隆盛のこの時期に掲載されているのはきわめて示唆的である。

　ここで，音楽と早期母子関係，音楽と精神分析，言語および言語構造にかかわる Noy のレビューを概観しつつ，本書における研究とのつながりを簡単に述べる。以下，斜字体であらわされている人名は Noy の論文にとり上げられているものである。

　音楽と最早期の母子交流との関連について，*Coriat*（1945）は，リズムの反復的性格を強調し，絶え間のない反復は母親が子どもをあやす動きのプロトタイプであるという。*Yates*（1935）によると，子どもは，授乳時に母親から与えられるリズムのなかで時間の概念を発達させ，時間を統制することを学ぶ。また子どもは，母親の対応次第では時間統制の機能不全を起こすことがあり，のちの成長過程において，その統制能力を再獲得しなければならない事態が生じる。そのような場合に，音楽活動は，時間のオリエンテーションを強化する練習として有用であるという。これらの見解は，Noy 自身のその後の研究に反映されており，1968 年の論文のなかで，「漠然とした自己の身体感覚 coenesthetic perception」という乳児の未構成状態における母親との相互関係が，時間感覚の発達や時間制御の仕方に影響を与えると考察している。これらの母子関係に関する初期の諸研究は，Winnicott（1971）の「母親の機能」や Stern（1985）の「情動調律」の概念の先駆けとなるものである。

　音楽心理学者 *Meyer*（1956, 1961）の見解もまた，Winnicott の理論に親和的である。*Meyer* は，良い音楽は，音の予測可能な進行と予測不可能な進行とが適度に織り交ぜられた構造をもつとした上で，予測可能な音の連続が中断したり遅らされたりすると，聴き手の注意力が喚起され，生き生きとした刺激的な音楽として聴取されると論じる。*Meyer* はさらに，不確実性に対する，あるいは欲求充足の遅延に対する耐性が高いほど，聴く能力が高い，あるいは成熟した聴取者であるとする。この見解は，適度な欲求不満を母親に供給されることによって健全な人格形成にいたる乳児についての Winnicott の論述と重なる。

Noyはまた，音楽に関連するKohutの三篇の論文をFreudの理論に基づくものとして紹介している。たしかにこれらの論文は，Freudの構造論を土台とした音楽構造の分析として明快である。しかし，のちにKohutがFreudと袂を分かち，自己心理学という新たな領域を築いていることをふまえると，これらの論文にはむしろ別の価値が見出されるべきであろう。著者はこの三篇の論文がそれぞれKohut独自の理論の布石となっていると推論する（稲田 2001）。すなわち，Levarieとの共著である1950年の論文には，「中核自己」の概念が暗示され，翌1951年の論文には，音楽家が作品を生み出す際の内的要求との関連から，「自己対象」の概念の萌芽が見られる。さらに，1957年に書かれた論文では，音楽に関する臨床事例において，「自己対象転移」のモデルが示されている。本書ではKohutを積極的には参照していない。しかし，自己イメージの凝集性は他者の知覚と応答の助けを得てはじめて維持できるというKohutの基本理念と，自立ではなく依存の質の変化を人格形成の核に置くKohutの精神分析理論は，ミュージックセラピィの実践に対して，格別の価値をもって多くの示唆を与えてくれる。

　音楽と言語との関係については，この時期の諸研究は総じて，感情表現における音楽の優位性という内容がほとんどと言ってよいだろう。Noy自身もレビューのなかで，精神分析関連の諸文献は音楽を言語と同様の構造をもつとみなす包括的な理論を欠いているという見解を述べ，もし音楽が言語と等位であるなら，その明証性が問題であり，音楽において表現されるものが何であるかを明らかにする必要があると総括している。

　このようにNoyが問題提議しているとおり，音楽と言語のあいだには，いまだ十分に見通されていない質的な関係があるように思われる。音楽を治療に活用し，その活用を精神分析的に考察しようとするならば，精神分析がそもそも言語構造を手がかりに人間の関係を解明しようとするものであるだけに，音楽と言語との関係はなおさら重要なものとなる。本書は，この重要な関係が，臨床の現場でいかに紡がれ運動しているかに着目することによって，ミュージックセラピィの効果を検証し，翻って音楽と言語の関係を理論的に考察しようとするものである。

第1部 音楽の治療的応用に関する諸論

1章

ミュージックセラピィの概観

1節　即興音楽が生まれる場

1．ミュージックセラピィとは

　まずはじめに，ミュージックセラピィについての一般的な定義を確認したい。英国におけるミュージックセラピィの創始者 Alvin（1966）は，ミュージックセラピィとは，「身体的，精神的，情緒的な障害をもつ子どもや大人の治療，リハビリテーション，教育，訓練において，音楽を統制的に活用することである（邦訳 p.12，一部改変）」と定義している。また，アルヴァンの後継的存在である Bunt（1994）は，Alvin が事実上もっとも重視していたセラピストとクライエントの相互作用の力に焦点を当て，「ミュージックセラピィは，クライエントとセラピストとのあいだの発展的な関係のなかで音や音楽を活用するものであり，その目的は，クライエントの身体的，精神的，社会的，感情的充足を支持，促進することである（邦訳 p.9，一部改変）」と述べている。

　それでは，精神科臨床におけるミュージックセラピィはどのようにあるべきであろうか。

　精神療法においてわれわれは，セラピストと言葉のやりとりを重ねながらこころを構造化する言語表現を自ら探し当てていくことをクライエントに励ます。ミュージックセラピィでは，「音」が，精神療法における言葉と同様の役割を担う。すなわちクライエントは，楽器の音，あるいは自らの声に，いまだ形にならないこころのありようを映し出しつつ，時にはセラピストの音に寄り添い，時には自らの音をセラピストの音と絡ませながら，こころ模様を共有可能な形へと練り上げていく。ミュージックセラピィは，「セラピストとの音楽的相互

作用を通じて,クライエントが自らのこころを構造化する」ことが果たされる場であると言えよう。ミュージックセラピィは,言語による感情表現や言語を介した意思疎通が滞りがちな状況において,精神療法の補完または代替的な役割を果たしうるのである。

2．即興演奏とは

　ミュージックセラピィにおける「ミュージック」の意味するものは,セラピストとクライエントの相互作用から立ちあらわれる「音」である（稲田 2003a）。既成の音楽やセラピィのために独自に創作された楽曲も用いられることはあるが,それらはあくまで副次的な役割を担うものである。「ミュージック」は,セラピストとクライエントの双方が即興的に紡ぎ出す音による「対話」,あるいは両者が協同してつくり上げるオリジナルな「物語（ストーリー）」として発展する。ミュージックセラピィではこの一連のプロセスを「即興演奏」と称する。

　臨床の場で展開される即興演奏は,古典音楽の演奏様式としての即興演奏やジャズの世界における即興演奏とは様相が異なるが,本質的には相繋がっている。

　古典音楽では,主題となる楽節のリズム,メロディ,ハーモニーといった要素を,演奏者が独自の発想で発展させる。ミュージックセラピィの即興演奏にもこの原理がある。もっとも,主題となるものは,クライエントから発せられる素朴な音の連なりや強迫的な連打音などであって,それらの主題自体が展開の可能性を豊かに孕んでいるとは言いがたい。また,その主題が何らかの形で変容していくとしても,それらはかならずしも変奏という形をとらず,多くの場合は新たなリズムやメロディの要素が付加的に重なっていく様相となる。

　ジャズの即興演奏との関連はどうであろうか。ジャズには複数の演奏者が呼応し合ってリズムやメロディを変奏していく場面がある。これは,臨床グループにおける演奏の一つのモデルとなりうる。しかしながら,一定のコード進行に基づいて音楽を発展させていくジャズの手法をそのまま導入することは難しい。したがって,コード進行に代わる別の枠組みや約束ごとを設定することが必要となる。たとえば,同じテンポを保持しつつリズムの種類を変えたり,演

奏の途中で,基本の拍を刻む楽器の種類を変えるなどの工夫が考えられる。

　ミュージックセラピィの即興演奏では,クライエントから発せられる音の特徴や,セラピストの音とクライエントの音が絡まり合うときのクライエントの情緒状態などが事後的に検討される。しかし,「インプロヴィゼーションは,聞いたり,楽しんだりするべきものであって,そのあとはきれいさっぱり忘れ去られるべきものです（Bailey 1980,邦訳 p. 93）」というジャズマンのスピリットは,セラピィにおいても援用されるべきであろう。すなわち,臨床においても,その時その場で体験される芸術的営みの生き生きとした感触が蓄積されていくことに価値があるのであって,われわれは臨床記録として留められる音楽的現象を分析することに第一義的な意味を見出すものではない。

　また,即時的につくり出される「ミュージック」は,つねに開かれたプロセスとして成長を続けることに本質的な意義があり,作品としての巧拙を評価されることはない。端的に言えば,即興演奏とは,作曲をすることではないのである。クライエントが励まされるべきことは,一般的な音楽が内包している規則や形式などの拘束からのがれて,「音」そのものの世界に立ち戻ることである。つまりクライエントは,なじみの音楽への依存から離脱するように方向づけられ,自らの情緒や思考過程を表象する音を自力で探し出すことが求められる。それは,発話能力を獲得する前の幼な子が,さまざまな音声を発することによって,他者の関心を惹きつけたり何かを訴えたりすることに近い営みと言えるだろう。ただしそれは,退行するということを意味しているのではない。言語ではあらわしえない情緒のニュアンスを音に託す,ということである。慣用的な言葉を使って気持ちを表明する代わりに,自らのこころ模様を「自由な音」に反映させることは,言語を獲得してしまったわれわれにとっては,むしろ新たなるチャレンジである。ここにおいて Gaston（1968）のつぎの言葉が息づいてくる。「もし私たちが音楽で伝えることができるものをすべて言葉で伝えることができるなら,音楽は存在しないだろうし,また音楽を必要ともしないだろう（p. 23）」。

3．音による対話

　クライエントの音楽的アイデアを尊重し,それらを「対話」の発展要素とし

て最大限に活用できるために，セラピストもまた，一般的な音楽の構造から自らを解放する姿勢をもたなければならない。そうでなければ，音楽的対話に必要な開かれたこころがセラピストの側に準備されていないことになる。もっとも，音楽の諸構造は無用なのではなく，それらはクライエントとの音楽的対話のなかで生起するゲシュタルトが組み合わさることによって，新たに形成されていくものとなる。この点については後の3節に譲り，既存の音楽構造に頼らない理由について確認しておきたい。

　われわれはさまざまなジャンルの音楽を知っており，その知っている音楽のほとんどすべてには構造がある。構造とは，拍子，リズムパターン，フレーズ（リズムやメロディのひと区切り），協和音と不協和音の力動関係，調性，和声進行，楽曲様式といった音楽用語で説明されるものである。このような音楽の構造はいずれも，音を何らかの形にまとめていく指向性がある。そしてまた，われわれが音楽を知っていると感じるときには，このような構造のほとんどを身体レベルで理解しており，つぎなる構造の展開を予測しながら，聞こえてくる音に反応している。知っている音楽は，予測とその実現という一方通行の世界にわれわれを束縛しているのである。一方，臨床の場では，予期せぬ音の展開が立ちあらわれる意外性こそが重要視されるべきものである。つまり，予測を超えたリズムやメロディが生じると，それらの音や，その音を発する相手や自分自身と真剣に向き合わなければならない。先述の Alvin は，セラピストとクライエントが既存の音楽的規則を超えて自由に対話する「自由即興 free improvisation」という領域を確立させた (Bruscia 1987)。とくに，コンガやボンゴなど，豊かな響きをもつ打楽器による合奏を通じて，他者の音を聴きつつ，それらを自らの音に織り合わせていく作業は，柔らかな身ぶりなども交えながら他者とかかわっていくことのできる環境を広げ，非言語交流の世界をさらに大きく開いていく。

4．楽器の種類について

　ミュージックセラピィにおいては，上記のコンガやボンゴをはじめとして，演奏する上で特別な訓練を必要としない各種打楽器のほか，「オルフ楽器」が好んで使用される。オルフ楽器とは，ドイツの現代作曲家 Carl Orff (1895-

1982）が学校音楽教育のために開発した楽器の総称である。Orff はアフリカや東南アジアの民族楽器をもとに，簡素な構造でありながらも，上質で豊かな響きを得られる楽器の数々を独自に考案した。もっともそれらは，通常の音楽の授業において子どもたちが扱いやすいことを目的につくられたものであって，Orff 自身は臨床に応用することは想定していなかった。しかし，今日ミュージックセラピィが実施されている世界の各地において，オルフ楽器が使われていない現場はほとんどないと言ってよいだろう。それほどに，豊かな響きが豊かなこころを育むというオルフの教育理念は，ごく自然な形で臨床に敷衍している。

　オルフ楽器の主なものとして，音盤ひとつひとつのとりはずしが可能なシロフォン（木琴）やメタロフォン（鉄琴），音盤ごとに独立した共鳴箱をもつチャイムバーなどがある。教育やセラピィにおいて使われる，オルフ楽器を含む一連の楽器は，「オルフ・インストゥルメンタリウム Orff instrumentarium（オルフ楽器群[注1]）」と名づけられ，Choksy ら（1986）によって紹介されている。

2節　臨床における即興演奏の様相

1．自己防衛としての表現

　病いにある人びとが他者との接触を回避したり拒否したりする行動は，「仮性適応」や「同調過剰」（中谷 1987），あるいは，自己疎外に徹する生活様式としての「自己の透明化」（尾崎 1992）といった用語で説明されている。つまり，彼らの自己防衛の型は，本来的な自己を隠蔽する，あるいは消し去ることにより，対人関係の軋轢を避けるというものである。他者との交流によって感情が意識野に流れ出すことは，急性期の混乱を経てようやく獲得しえた仮性的安定状態がふたたび破壊される恐怖となる。たとえ退行的，病的であっても，自らを閉じつつ平衡状態を保つことは，一種の適応である。高橋（1987）によると，病者は寛解状態においても，自己の内外での経験の世界を極力狭めることによって安全第一の精神生活を続けるという。後述の Tustin（1990）も同様の見解として，病者は自己消滅の危機にある状況では，意識の幅を狭める，もしくは意識の焦点を小さくして外的な脅威を閉め出すことにより，自己の脆弱性に対

処すると言及している。

相互作用的な即興演奏を開始する前のクライエントの自発的な演奏の試みには，いくつかの共通した特徴があると思われる。それらを大別すると，単純なパターンの反復，散逸的な音の産出，既成の音楽への依存，という三つの様相となる（稲田 2005）。同様の特徴は阪上（2003）によっても言及されていることから，これらは精神病圏にある人びとの自己防衛的な行動特性から引き出される音楽的傾向とみなせるだろう。

2．「閉じた」リズムと「閉じた」メロディ

単純なパターンの反復として一般によく見られるものは，打楽器の使用による単調な拍打ちやリズムパターンのくり返しである。もっとも，このような行為は，誰でも新奇な楽器を手にしたときに起こしがちなものであり，臨床の場面に特有の反応とは言えない。しかし，音の出し方が過度に強迫的で，かつ収束や終止の気配が見られない様相は，楽器への通常の親しみ方とは異なる。

強弱の変化やアクセントのない連打，あるいは冗長なパターン反復は，それらを奏するクライエントにとっては，自己と周囲を隔する音の壁として作用する。さらにそれらは，音の集塊としてクライエントの内に留まり，セラピストにもクライエント自身にも何の連想もかきたてない。このような音は，周囲の状況や他者と関係をもたないという意味で「閉じたリズム」であり，変化の気配がないという意味では「固いリズム」とも言えよう。

ピアノ，シロフォン，メタロフォンなどの旋律楽器がクライエントによって選択されるときにも，リズムの場合と同様に一定のパターンが反復される。ここでは短いメロディフレーズが何度もくり返されることになる。こうした同一音型の反復もまた，リズムパターンの反復と同様に，強迫性を帯びて，他者を招き入れる余地をもたない。これらは「閉じたメロディ」となる。

散逸的な音の産出とは，まとまりをもたずに浮遊するような，そして時には小刻みに震えるような音の生成のことである。音の流れに収束感を付与できないこと，あるいは音と音とのあいだに何らの関係をももたせようとしないことは，ゲシュタルトを形成することを拒むことによって無意識的に「気づき」を回避している状態と察することができる。こうした散逸的な音もまた，他者を

誘い込む要素が欠落しており，他者と情緒的に連結する可能性を閉じているという意味で，「閉じたメロディ」の亜型と言えよう。

　既成の音楽への依存とは，なじみのメロディを旋律楽器の上で再生する努力のことである。音楽的素養のあるクライエントほど，メロディを正しくなぞれなければ楽器を弾けたことにはならないという思い込みが強い。また，正し・い・音を選ぼうとする意識は，Sechehaye（1954）が「内的禁止」と称する防衛に類するもので，音を踏みはずしてはならないという命令が自己内に下されていると考えられる。いずれにせよ，シロフォンやメタロフォンを使ってなじみのふしを比較的容易に再現し，何度も同じメロディを弾き続けるクライエントもいれば，二，三音ごとに試行錯誤しながら，想起したメロディの再生にどうにか辿り着くクライエントもいる。このような傾向も，演奏自体は病的であるとはけっして言えないが，他者や状況への気づきを伴わず，楽器のみに強迫的に相対する場合，関係の糸口は固く塞がれて「閉じたメロディ」となる。既知のメロディへの固執は，あるひとつの言葉の意味を，使い古された意味以上に発展させることなく，したがって，新たな感情をあえて引き起こさないままにしておく心的状態に似ている。

　以上のように，一般に初期的な即興演奏の状況としてのリズムやメロディは，いずれもそのままの姿で閉じて孤立しており，発展したり相互浸透したりする性質を欠く傾向にある。それらは，クライエントが自らの不安や恐怖から身を守るための「鎧」となっているのである。

3．自閉対象と自閉形象

　これまで見てきた臨床的な「ミュージック」を，Tustin（1980, 1984）の「自閉対象」および「自閉形象」の概念を通して検討したい。

　自閉対象 autistic objects とは，自閉的な傾向をもつ子どもが，自らの安全を守るために手にもって離さない，固い性質をもつ物体のことである。Tustin はその例として，ミニカーなどのおもちゃのほか，通常の子どもなら遊びの対象とはしないような日用品，たとえばカギの束（キーリング）などを挙げている。子どもはそれらを本来の目的で，つまりカギの束をドアを開けるための道具として使わずに，自己の身体の一部とみなす，あるいは自己刺激をもたらすもの

として用いる。さらには，それらに儀式的な性質を付与して扱う。したがって，自閉対象は遊びの対象とはならず，象徴的意味ももちえない。それらは「もの」に留まる。「もの」を喪失した場合は，一時的に自己の身体の一部を喪失したと経験されるが，もの自体に対する喪失感はなく，それは「同じもの」と思える別の対象に容易に置き換えられる。おそらくミニカーでさえあれば他の色や形でもかまわないだろうし，カギの束から鍵が一つとれてしまっても他の鍵をつけておけばよいのだろう。ひとつの「もの」へのこだわりは他の「もの」を閉め出している。したがって，代替されうるものがしかるべき場に収まれば，もはや喪失したものにこころを寄せる必要はない。

　自閉対象に依存する子どもは，欲求不満に耐えるための心的装置が備わっていないと見られる。身体感覚としての自閉対象は，母親の乳房の不在を埋める代替物となる。最早期の母子関係において，乳児は自分の口と母親の乳房の区別がつかず，それらを感覚のひとつの塊として感じている。乳児が「自分でないもの」に気づく前に，母親が子どもを自分から急激に分離させると，子どもは乳房への期待と現実の落差に耐えることができない。そこで，母親の乳房の代わりにしがみつくものとして自閉対象が使用される。自閉対象は即時的な満足をもたらすが，同時に，期待と欲求実現の時間差に耐える力を奪うものとなる。すなわち，本来の成長過程であれば，欲求不満に耐えるなかで経験されるはずの空想や象徴的活動の機会が，自閉対象の存在ゆえに閉ざされる。対象の不在の埋め合わせでしかないという意味において，自閉対象はWinnicottの「移行対象」（2章参照）とは対照的である。移行対象は，母子一体性から母子分離への脱錯覚を調整する創造的な作業に使用されるものであり，現実との橋渡し機能をもつものである。

　自閉形象 autistic shapes における形象とは，ひとまとまりの感覚として子どもにもたらされる形のことであって，外界に存在する特定の物の形を指すのではない。自閉対象が固い物質で，外から攻撃される恐怖から守る性質をもつのに対し，自閉形象は身体をすっぽり包みこむような柔らかい感触を子どもに与える。Tustinは，暖かい風呂のようなものであると喩えるとともに，自閉形象の材料として身体感覚に近いもの，たとえば便や尿，咀嚼している食べものなど，軟らかな身体的物質に似た性質のものが選ばれると述べる。具体的には，

水，粘土，泥，絵具など，子どもが形を容易に操作できるものである。しかし別の例として，数字やアルファベットの特別な配置や，身体をくねらせたり物体をくるくる回したりするステレオタイプな行動によって得られる感覚も自閉形象となる。子どもは，自閉形象を使用することによって，自分で簡単に操作できるものだけを現実とみなすようになるが，やがては子どものほうが形象の支配下に置かれる状態へと反転する。子どもは自閉形象にくるまれることにより，こぼれ落ちていくような恐怖から身を守るが，それは同時に，外界と関係をとることから自らを遠ざけることになる。

さて，過度の反復性をもつ「閉じたリズム」は，比喩的ではあるが，固い性質を帯びて，変化の兆しを見せることはない。また，病者はひとつのパターンに固執するものの，何かのきっかけで別のパターンに注意が移ると，それまでのパターンは直ちに忘れられて，新しいパターンに専心する。一方，「閉じたメロディ」は，音の特別な配置となって個人を包み，安心感と孤立感を同時に与える。さらに，閉じたリズムも閉じたメロディも，他者との連結を拒否するとともに，欲求不満や不安の穴を埋める刹那的な感覚刺激である。以上の点から，閉じたリズムと閉じたメロディは自閉対象と自閉形象の特性をもち合わせていると言えるだろう。われわれはこうした自閉的な音楽の要素を，他者と交流可能な要素へと変換していかなければならない。

3節　即興演奏の治療的発展

1.「閉じたリズム」への対応

閉じたリズムは，たとえば両手を機械的に交互に動かしてドラムを叩くことなどから容易に出現する。このようなクライエントの所作に対してどのような働きかけが有効であろうか。考えられるひとつの方法は，セラピストがクライエントの楽器とは対照的な音色をもつ楽器を選び，クライエントの音に「型どり」をしていくことである。たとえば，もしクライエントがコンガを強迫的に叩いているのであれば，セラピストはメタロフォンやシンバルのような金属音を選び，音数少なくゆっくりと，コンガの音の単調な持続にアクセントを入れ，コンガの音にまとまりをつくる役割をとる。コンガの響きや勢いを堰き止めず

に，すなわち，クライエントにとって外部からの侵襲とならないよう注意すると同時に，セラピストの音がクライエントの耳に確実に届きうるような状況をつくる。そうすることによって，反復パターンには句点が与えられ，交流可能な構造をもつ形として新たに名づけられていくことになる。それらのリズムは，他のパターンと連結したり相互浸透したりすることが可能になり，バリエーションの道が開かれていく。

　セラピストの音は外的な脅威でないことが了解されると，同種の音質をもつ楽器同士による合奏も可能になる。たとえば，セラピストとクライエントは，共にドラムを交互に打ち鳴らし，対話のような掛け合いを続ける。相手に番を譲るときには，余韻のある音を残すか，休止（休符）をとることによって句点を打ち，相手の出番を誘い出す。また，多様な音価（一音の長さ）の組み合わせとしてのリズムの底に，基本の拍（拍子記号の分母にあたるもの）が流れていることにクライエントが気づくと，彼らはセラピストが奏する基本の拍の上に新たなリズムを生み出し，拍子に乗っていくことができる。やや高度な音楽が展開できる場合には，ドローン[注2]やオスティナート[注3]などの音の流れを活用することによって，より明確な層構造のある音楽をつくることもできよう。

　安定した基本の拍の動きがクライエントの身体の奥底に定着すると，彼らは自らの力だけで躍動的なリズムパターンをつくり出す。リズムに乗った演奏とはこのようなものである。このように，打楽器の二重奏や交互奏は，セラピストから最小限の枠組みが提示されることによって，クライエントが新たなアイデアを試したりスリルを味わったりすることを可能にする。

2．「閉じたメロディ」への対応

　閉じたメロディとは，同一音型の反復，散逸的な音の表出，そして，既成のメロディの再現のことであった。まず，前二者への対応としては，短いフレーズのひとまとまりや寄る辺ない不確かな音の響きを「問いかけ」に見立て，その問いかけにセラピストが応答するような音を差し挟んでいくことが考えられる。問いと答えのやりとりはやがて，問う者と答える者を反転させる。またクライエントは，音のやりとりが滞りなく連結されていくためには，相手の拍の動きを引き継いで自分の音を開始しなければならないことに気づく。あるいは，

相手に音を円滑に引き渡すためには，自分の演奏の収束状況を相手が感じることができるように，自分の音のダイナミクスを調整する必要があることにも気づく。リズムの場合と同様に，最後拍を休符にするだけでも，他者を招き入れる余地が生まれ，メロディは拓かれていく。さらには，音がやりとりされるあいだに，メロディに付随するリズムの形が変化したり，メロディのひとまとまりが高さを移動して再現（移調）されたりすることによって，それまでのメロディが新たな色合いを帯びることも体験されるだろう。このような音楽の発展に伴い，クライエントの混沌とした心的状態は，徐々に形を成して，他者と共有できるこころ模様へと変化する。

　一方，既成のメロディの再生から脱却してオリジナルな音の連なりの生成が目指されるためには，どのような工夫がなされるべきであろうか。有効な介入のひとつとして，即興演奏に先立ってテーマを設定することが考えられる。たとえばセラピストは，自然情景のイメージや人間の営みの様子を演奏の「題目」として提案することができる。前者の例としては，「春のそよ風」「波打ち際にて」など，後者は，「カーニバル」「山登り」などが思いつくだろう。また，このように言葉でテーマの設定をすることに代えて，絵画やイラストなどの視覚媒体を導入することもできる。いずれの場合も，こころに描くイメージを自由に音に置き換える作業により，クライエントたちは既成のメロディに対する依存度を下げることができる。さらに，イメージを通じて他者と情緒を共有していることが了解されると，ユーモアや冒険心が喚起され，ひいてはそれらは自閉的安定状況に風穴をあける力となる。

4節　グループセラピィとしてのミュージックセラピィ

1．グループ形態による音楽活動の意義

　ミュージックセラピィは，セラピストがクライエントと一対一で実施する他に，一人のセラピストが複数のクライエントに対応するグループセラピィの形態でも実践される。クライエントが仲間たちとともに音を重ねたりつないだりする即興合奏は，音の調和あるいは不調和といった具体的な事象を通じて，自己や他者に気づくことを可能にし，さらに，自らのアイデアや行為を，他者と

の関係において即時的に調整することを彼らに要請する。「音楽というものは，グループの状況において，その潜在力をもっとも発揮する」という Gaston (1968) の言葉は，まさに臨床のグループのことを言いあらわしている。グループセラピィにおいて，自発的な意思決定能力や，「他者の視点を取る能力」(Mead 1934) が養われるにしたがって，クライエントたちは，良好な対人関係を構築するとともに，グループのなかで「遊ぶこと playing」(Winnicott 1971) を試みながら，社会適応のためのリハーサルを重ねることになる。

グループセラピィのなかに音楽が入り込む本質的な意義については，Alvin (1966) によるつぎの言及が十分に説明してくれるだろう。

> 楽器は，それが円陣の真中に置かれると，集団の統一のために比較的有効に貢献するものである。それは結合の焦点として役立っている。生き生きとした共同社会のかがり火を取り巻く部族の集まりに似た情況で，家庭的な感情を小集団に与えることさえできるであろう。（邦訳 p. 148）

2．グループの発展

ミュージックセラピィにおいてグループが成熟するということは，セラピストに対するグループメンバーの依存度が徐々に減少し，彼らの自発性によって音楽が拓かれていくということである。グループ活動においては，セラピストとクライエントの一対一関係のなかでは回避してきたところの音楽構造を，あえて活用することが多い。つまり，グループ合奏の骨格としての役割を音楽構造に担わせるのである。音楽構造はまた，「人（グループメンバー）」と「演奏」の両方を「抱える」役割を果たす。音楽構造はグループにとってセラピストの代替的存在となり，現実のセラピストへの依存の低減に寄与する。

ミュージックセラピィにおけるグループの成熟プロセスについて，ここでは三つの側面から検討してみたい。それらは，セラピストの立ち位置から名づけられるところの〈対峙型〉〈融合型〉〈支援型〉である。各型はグループの成熟とともに置き換わっていくのではなく，それぞれの特徴はつぎの段階にも留保される。つまり，融合型の活動には対峙型の様相が含まれ，支援型の活動には融合型と対峙型の様相が織り交ぜられる。さらには，一回の活動のなかで対峙

型から融合型を経て支援型へとセラピスト‐クライエント関係の変化を導くことも，グループ活動の展開のあり方として有効である。

〈対峙型〉活動：セラピストは，グループメンバー各々と対峙するとともに，扇の要に位置にあって，一個の実体としてのグループとも対峙する。ここでは，セラピストはどのメンバーからも心理的に等距離に位置している一方，メンバー同士の相互作用は希薄である。

対峙型におけるセラピストの重要な役割は，音楽的に抱える機能を発動することである。「抱える機能」とは，Winnicott（1965）が提唱する母親の機能の総称である。抱える機能には，乳児の即時的欲求を満たす「対象としての母親」と，子どもが安心できる時間と空間を整える「環境としての母親」の二つの側面があるが，対峙型活動は両側面とも関係する。たとえば，即興演奏のテーマを提案したり，楽器の選択について助言するなど，セラピストがグループ活動を円滑に推進するために積極的に働きかけることは，「対象としての母親」の役割であり，即興合奏をする際にグループ演奏の下支えとなるような安定した拍やリズム提供することなどは，「環境としての母親」の役割となる。なお，Winnicottの理論については，2章で詳述する。

〈融合型〉活動：対峙型の活動において，セラピストと音楽経験を共有するにつれて，グループメンバーは，セラピストに対する全面的な依存から徐々に自らを解放する。クライエントたちのこの行為は，セラピストが音楽的関係において彼らと対等の立場でやりとりを始める時期をもたらす。すなわち両者の役割が「融合」した活動が開始される。もっとも，セラピストはグループの全体状況に注意を払ってグループ力動の現実的管理を行なうという点では，セラピストはメンバーとは依然として非対称の関係にある。これは北山（2001）が精神療法の文脈において，「プレイイング・マネージャー」と称しているセラピストの役割に該当する。

融合型の活動の主な特徴は，誰でもリーダーシップをとることができる活動を展開することである。しかし対峙型におけるセラピストのようなリーダー的役割をメンバーがそのまま担うのではなく，明確な音楽構造を活用しながら，メンバー全員が安心して音を重ね合わせられるような即興合奏を試みることがふさわしい。つまり前述の「抱える機能」を，音楽構造そのものに代替させる

ということである。具体例を挙げてみよう。

　セラピストは，ロック，ルンバ，タンゴ，サンバなど，一般に認知されているリズムパターンを紹介するとともに，グループメンバーに習得させる。つぎに，メンバーの一人がコンガなどの大きな打楽器でそれらのリズムのひとつを保持し，他のメンバーは異なる楽器で，そのリズムの上に思いつきのリズムやメロディを重ねていく。元のリズムを担当するクライエントは，合奏の要としてのグループリーダーとなるわけであるが，その役割はすでに習得したリズムパターンを保持することのみであるため，心理的負担やリスクはきわめて少ない。すなわち，リズムパターンの演奏を通して，グループメンバーは誰でも，他のクライエントたちを音楽的に「抱える」ことができるのである。

　グループメンバーのあいだでリーダーの役割とフォロアーの役割を交替できることは，良好な人間関係を形成する基本となる。その重要性は，たとえばBruscia (1987) によるミュージックセラピィの評価にも反映されている。Bruscia は，ミュージックセラピィにおける即興演奏の評価尺度として，即興演奏アセスメントプロファイル Improvisation Assessment Profile: IAP を考案した。IAP には，対人相互作用を評価する項目のひとつに自律度プロファイルが設定されている。この項目では，一人のクライエントがセラピスト，あるいは他のクライエントたちとのあいだで，リーダーとフォロアーの役割をいかにバランスよく交替できるか，換言すれば，音楽構造における「図」と「地」の役割を，いかに即興演奏のなかで臨機応変に変換することができるかについて評価がなされる。より成熟した対人関係，または，より発展的な音楽的関係とは，個人がリーダーシップをとることができると同時に，その役割を状況に応じて柔軟に他者に明け渡せることである。

　〈支援型〉活動：リーダーとフォロアーが自由に交替できる良好なパートナーシップが定着し始めると，セラピストはグループの後方支援的な役割に移行する。これが〈支援型〉の意味するところである。セラピストは即興合奏にはなるべく加わらず，メンバーのあいだで意思決定やアイデアの交換がなされていく状況そのものを支え，即興演奏に対するアイデアがメンバーから気軽に発せられるような雰囲気をつくる。たとえば，即興演奏のためのテーマをクライエントが思いつくよう方向づけたり，演奏のイメージが共有できるような視覚

作品を提供するなどの支援が考えられる。セラピストは，とくに助言を乞われるときを除いては，メンバー間の交流に関与することをなるべく避け，セラピストへの依存がもはや有効でないことを暗に伝えるようにする。ここでのセラピストは，クライエントの即時的な欲求を満たす「対象としての母親」の機能は背景に退き，場の大局を抱える「環境としての母親」の機能が優勢になる。

以上に見るとおり，グループ形態によるミュージックセラピィは，良好な対人関係の促進，自発性の育成，意思決定の機会の提供などに寄与し，社会生活への適応に向けた精神科リハビリテーションの一環としての役目を果たすことができる。

注1） オルフ・インストゥルメンタリウムの具体内容（Choksy et al. 1986，邦訳 pp. 151-152 より）
〈音板楽器〉
シロフォン：バスシロフォン，アルトシロフォン，ソプラノシロフォン
メタロフォン：バスメタロフォン，アルトメタロフォン，ソプラノメタロフォン
グロッケンシュピール：アルトグロッケン，ソプラノグロッケン，チャイムバー
〈ドラム類の楽器〉
バスドラム，ボンゴドラム，コンガドラム，スネアドラム，ハンドドラム，タンバリン，タンブール，ティンパニ，ロータリーティンパニ，タムタム
〈木製の楽器〉
クラベス，ウッドブロック，スリットドラム，ギロ，テンプルブロック，マラカス，カバサ，ラットル
〈金属製の楽器〉
ハンギングシンバル，合わせシンバル，フィンガーシンバル，カウベル，スレイベル，リストベル，トライアングル，ウィンドチャイム
〈その他〉
リコーダー，ギター，ヴァイオル　など
注2） ドローン drone：元来はバグパイプの持続低音用の管のこと。音楽用語としては，一定持続する低音を意味する。
注3） オスティナート ostinato：楽曲全体を通じて，あるいはいくつかの連続した楽節を通じて，一定の音型を同一声部かつ同一音高で反復する伴奏形態。

2章 ミュージックセラピィの理論的背景

1節 Sternの理論:こころの「調律」

1. 導　入

　Sternは,小児のパーソナリティの基礎は母子間の情緒の伝達と共有によって育まれるという基本的な見解に立ち,早期の母子関係における情緒の交流が不調和,もしくは不十分である場合には,子どもに精神病理の萌芽が生じると論じる。Sternの発達理論は,ミュージックセラピィにおけるセラピストとクライエントの関係構築に多くの示唆を与える。とくに,言語を介さない人的交流の機会を提供する意味,クライエントの非言語表現に対するセラピストの反応の仕方,音楽的な不調和に内在する問題への対処などを議論する際に,Sternの理論はきわめて有効である。

2. 情動調律と生気情動

　Stern (1985) の発達理論は,人間には出生直後より,他から区別された感覚としての「新生自己感 sense of an emergent self」が存在するという前提で始まる。その後,自己感は,「中核自己感 sense of a core self」,「主観的自己感 sense of a subjective self」,「言語的自己感 sense of a verbal self」がそれぞれ順に足し算される形で発達する。ここでは,乳児が母親を明確な外的対象とみなすようになる主観的自己感の形成期に焦点を当てたい。

　主観的自己感は通常,生後15ヶ月ぐらいまでに形成される。乳児はこの時期において,自分自身にこころがあるのと同じように,他者にもこころがあることを発見する。中核自己感の形成期にも,自己と他者はそれぞれ別個の身体

や情動をもつことは感じられているが，主観的自己感のもとではさらに，身体的事象の背後に隠れている感情，動機，意図にも気づかれる。ここにおいて，母親と乳児は，互いの内的状態を読み取ったり調和したりすることができるようになる。そして乳児は，これらのできごとを「こころに留める」ことができるようになる。

対象関係の扉は，母親が乳児の発声や動作を模倣することによって開かれる。母親は，実際には，乳児の声や動きを単に真似るだけではなく，それらの強さ，形や輪郭，持続時間などを捉え，その特性に合致する別の声や動作を乳児に返す。母親の目的は，乳児の行動の奥にある情動を共有することにある。情動の共有は，意識的に行なわれる場合も，母親の無意識の所作としてあらわれる場合もある。Stern は，このような身体行為の調和をもとにしたやりとりを「情動調律 affect attunement」と称し，それを「内的状態の行動による表現系をそのまま模倣することなしに，共有された情動状態がどんな性質のものか表現する行動をとること（1985，邦訳 p. 166）」と説明している。乳児もまた，母親の声や動作を乳児なりに調律する。母子間にこのようなやりとりが発展的に続くと，互いの内的状態が共有されるとともに，乳児は，身体の統合感覚や自己存在の連続性を獲得するようになる。

Stern はまた，母子間で調律される情緒について，「生気情動 vitality affect」という概念から説明する。生気情動とは，言語によってカテゴリー化されることのない情緒，たとえば，はじけるような，あふれるような，うねるような，といった身体の動きを伴う表現以外に言語化しようのない特性をもつ根源的な諸感情のことである。生気情動は，言葉ではあらわしにくいこころの動きであることに加えて，生命体としての活動が生き生きと連続的に変化している様相をも包含している。

Stern はこの生気情動が調律されることついてつぎのように語っている。

> 生気は調律の主題として理想的です。なぜなら，それは強さや時間といった無様式特性から構成されているからであり，しかも私たちがとるありとあらゆる行動に随伴し，かつ（変化はするものの）常に調律の主題として存在するからです。調律は，乳児がいかにおもちゃに手を伸ばし，積み木をつかみ，足で蹴り，音に耳を傾けるかという感情の内的性質に対してもなされます。生気情動を追跡し，

調律することによって，私たちはほぼ連続的に相手の内的体験と思われるものを共有し，その結果，他者と"共にある"ことができます。これこそまさに感情的につながれている体験，言い換えれば，他者と調律し合っている体験にほかなりません。(1985, 邦訳 pp. 182-183)

生気の調律は，最早期の母子関係のみならず，日々のわれわれの人間関係にも大きな影響を及ぼしている。そしてこのことは，ミュージックセラピィにおける音のやりとりの意味を説明する重要な鍵となる。

3．音のやりとりと情動調律

Stern の用語に沿うならば，ミュージックセラピィにおいて，クライエントから発せられるリズムやメロディの断片は，クライエントの生気情動であると言えよう。Pavlicevic (1990, 1995, 1997) は，とくに音としてあらわれる生気情動を「ダイナミックフォーム dynamic form」と称している。即興演奏は，セラピストがクライエントのダイナミックフォームを調律することから発展する。クライエントのリズムは，セラピストによってその形や力強さが掬いとられ，別のリズムあるいはメロディフレーズへと変容する。クライエントから発せられる不確かなメロディもまた，その長さや輪郭が掬いとられ，セラピストの調律によってさらに音が紡がれていく。クライエントもセラピストの音に対して応答し，調律を試みる。セラピィの空間において，調律されて発展するダイナミックフォームは，情緒的であることと音楽的であることとは同じひとつの現象となっていく。これは，Langer (1942) が述べるところの，「音楽はわれわれの感じたこともない感情と気分を，われわれが以前知らなかった情念を示すことができる（邦訳 p. 270)」という体験に近いものとなるであろう。音楽的側面と情緒的側面は融解してしまうのではなく，セラピストとクライエントは共に，情緒の顕在化としての音楽を「聞きとる」ことも，音に内在する情緒的側面を「読みとる」こともできる。この状態は，後述する Winnicott の「可能性空間 potential space」をつくり出す。ここにおいてダイナミックフォームは，音楽に属するものか情緒に属するものかを問われる必要はなく，さらにはそれらがセラピストとクライエントのどちらに属するものであるかを問われる必要もない。

音楽を介した相互作用の経験において，クライエントは，対人交流とは他者との接触や意思疎通をそつなく行なうことではなく，生気の自由な行き交いを通して互いの内面を感じとっていく根源的なふれあいであることを了解する。

4．情動調律の不成立

セラピストとクライエントが即興演奏を通して調和的な関係を築くことができれば，一時的に互いのタイミングがずれたり読みちがえたりすることがあっても，セラピストもクライエントもその不一致のスリルを楽しむことができる。テンポ，ダイナミクス（音の強弱），音の高さなどの不調和は，一種の変奏として受けとめることさえできよう。また，内的状態も互いに共鳴し合っているので，情緒的基盤が危うくなることもない。このような音のやりとりは，乳児が母親から適度な欲求不満を与えられることによって新たな対象関係へと入っていくプロセスの類似である。

一方，セラピストの側に調律の重大な不全や失敗があると，クライエントの情動経験は，共有可能な体験の脈絡から離脱する。たとえば，セラピストがクライエントの音に対して過度に調律すると，クライエントの音楽はセラピストの従属下に置かれるようになる。クライエントが生み出す音は，セラピストの情緒状態に支配され，クライエントの音楽と情緒は行き場を失う。反対に，セラピストの調律が過小である場合には，クライエントは自己の情緒体験が無かったものと捉えてしまい，自己を閉ざしていくであろう。

情動調律はまた，日常的な動作一般において，シンクロニー synchrony の現象の基礎をなしている。シンクロニックな行為は，社交性や共感する力の指標となる。つまり，姿勢，身振り，動作のシンクロニーは，他者と情緒的につながっていることの証しであり，そこには他者と共有される根源的なリズムが内在している。Brown & Avstreih（1989）は，シンクロニーとは，自他の境界を喪失することなく，また他者のなかに融解していく自己感覚を発動させることなく，他者に対して調和的かつ同期的に反応することである，と定義している。さらに Brown & Avstreih は，他者との境界があいまいになっている病者はシンクロニーの能力が障害されており，共生的融解 symbiotic fusion が起こっていると述べる。これは情緒を共有することなく，表にあらわれる行動面の

み他者に迎合する自己防衛の方法であり，先に見た「仮性適応」や「同調過剰」（1章参照）に等しい。

2節　Winnicottの理論：「遊ぶこと」と「演奏すること」の同一性

1．導　入

　Winnicottの母子関係理論は，母子の一体性，すなわち一人の乳児などというものは存在せず，「母親 – 乳児というユニット」があるのみ，という出発点をもつ。母子一体の内に持続される母親の抱っこ，すなわち「抱える機能holding」は，乳児に対して母親への絶対的依存を保障すると同時に，外界に対する基本的信頼を付与する。抱える機能が十分に，もしくは適切に作動しない場合は，乳児は人生の始まりから外界への不信をもち続けるとともに，自分をとり巻く世界に対して言い知れぬ恐怖を体験することになる。

　日常生活や臨床の場に見られるクライエントの自閉的，自己防衛的な行為は，早期の母子関係において，「抱えられること」が十分に満たされていなかったことをうかがわせる。もし治療の場において，健全な母子関係の内に起こる諸事象を追体験することができれば，彼らは外界に対する現在の防衛的な姿勢を緩めることができるだろう。

　以下では，Winnicottの母子関係理論を概観することを通して，乳児の情緒状態に応じて発動される母親の諸機能が，ミュージックセラピィにおけるセラピストの役割にも通底することを検討したい。

2．「抱えること」から「離乳させること」へ

　Winnicottは，乳児の生後数ヶ月にわたって母親が献身的に抱っこすることを「原初の母性的没頭」と称する。この状況において，乳児は，絶妙のタイミングで差し出される母親の乳房は自ら創出した自分自身の延長であるという「錯覚 illusion」をもつ。その錯覚は，乳児が必要なときに必要なものを自らに供給することができる「万能感」と言い換えられる。しかし，やがて母親は，完璧な乳房の供給をやめる。それにより乳児の欲求はもはや即時には満たされなくなる。Winnicottはこの段階を「離乳させること weaning」と称している。

母親は，欲求不満に対する乳児の対処能力を超えない程度において欲求の充足を遅らせるのであるが，この母親の行為は，ニードというものを乳児が体験する機会を与えることになる。乳児はここにおいて，母親と自己との分離性に気づき始める。乳児の内部では，母親の乳房は自分が創出したものという錯覚からの離脱，すなわち「脱錯覚 disillusion」が起こり，内界と外界の境界に対するあいまいな感覚が生起するようになる。このとき乳児の内部に統合感覚が育まれていれば，乳児は安全に外界と接するはじめての機会をもつこととなり，自分のニードに対応する世界があることを感じる。それはやがて，世界に対する満足や信頼，さらには現実を享受する感覚へと発展する。

3．「母親の機能」の不全

　Winnicott はまた，母親の機能を，「抱っこする母親 holding mother」と「環境としての母親 environmental mother」の二側面から論じる。「抱っこする母親」のもとでは，乳児は内的統一感を育まれるとともに，外界の侵襲からも完全に守られ，「存在し続けること going on being」の感覚をもつことができる。「環境としての母親」とは，通常は静かに非侵襲的な環境として乳児を見守り，乳児が必要とするときにのみ頼れる存在でいることである。乳児の側は，「環境としての母親」の静謐さのなかで，徐々に母親以外の対象とのかかわりを開始していく。

　Winnicott は，精神の病いは人格の不統合ではなく，環境の欠損に原因があると見る。つまり，子どもの成長プロセスにおいて，母親の機能が十全に保障されなければ，子どもは情緒発達や精神的健康に支障をきたすというのである。

　「抱っこする母親」の機能不全については，抱っこのしすぎと抱っこの不足がある。抱える環境が長く供給されすぎると，乳児は適度な欲求不満や欲望，あるいは葛藤というものを体験することを妨げられ，自分自身への対処の仕方を学ぶ機会を逸する。反対に，抱える環境の供給が短かすぎると，乳児は外界からの侵襲に対して過敏になる結果，防衛的な性格や硬直したパーソナリティを発達させる。

　「環境としての母親」の機能不全は，乳児に対する母親の侵襲的反応，もしくは無反応としてあらわれる。侵襲的な母親は，自己愛と自己顕示欲が優勢で

ある（Davis & Wallbridge 1981）。つまり，母親のほうが一人でいることに耐えられないことの裏返し現象である。乳児は，母親すなわち環境からの侵襲によって，自発性や自己感覚を失う。母子関係のなかで育まれるはずの「可能性空間」は存在せず，乳児にとって脅威的な空間が母子のあいだに横たわるのみである。そこでは想像が閉じこめられるために，後述する「移行対象」の創造も妨げられる。したがって，乳児は自己充足の仕方を学ぶことができない。乳児は，際限のない不満や要求を発することになる。表向きの成功とは逆に，人生において充足感や楽しみを見出すことができない成人は，このような初期体験の影響があると考えられる。

　反応に乏しい母親もまた，乳児にとって脅威的な存在である。子どもは母親から理解されていないと感じ，自らを自身のための母親として機能させる。さらに，本来は母親の不在や空虚に耐えるための移行対象を，フェティッシュなものとして所有する。結果として「可能性空間」は，万能感を伴う空想の場にとって代わり，創造的な体験が果たされずに，「遊ぶこと」が強迫的になる。

4．「移行対象」と「可能性空間」

　乳児は欲求不満に耐えるなかで，「幻想的知覚 hallucinatory perception」をもつ。幻想的知覚とは，母親の不在時に母親の存在の代わりになるものを自ら供給する試みである。Winnicott は，幻想的知覚における母親の代理物の重要なものとして，「移行対象 transitional objects」という概念を打ち立てた。

　移行対象とは，実際には使い汚されたぬいぐるみや毛布の切れ端などきわめて現実的でありふれたものを指すが，乳児にとってはパーソナリティ形成にかかわる重要な意味をもつ。移行対象は，乳児にとっては自らが万能的に創造した自分自身の延長であるとともに，乳児が万能的コントロールの外側で発見した対象でもある。重要なことは，それらが乳児の創造したものか，外から来たものかを，誰からも問われないということである。薄汚れたぬいぐるみを手から離さずに一人で眠ることのできる子どもは，母親に抱かれながら眠るのと同様の空間を自らに供給している。

　自分が創造したものと外界で発見したものとの区別が問われない世界において，移行対象は，「自分であるもの me」と「自分でないもの not-me」をたえず

反転させるかのようにして乳児に属することを拒みながら，乳児の日常を彩り始める。母親は乳児の移行対象を尊重し，内界と外界のあいだを執りなすこの対象を通じて，「可能性空間」を育んでいく。可能性空間は，内的現実と外的現実の区別が問われることのない「中間領域」であると同時に，母子の一体性から分離性への移行が円滑に進行するために必要な「移行領域」である。乳児はこのような可能性空間において「遊ぶこと」を開始する。

　可能性空間において，母親は，「抱っこする母親」から「環境としての母親」へと，自らの機能を拡張する。このような母親のもとで遊ぶことができる乳児は，現実の世界では「一人でいられる能力 the capacity to be alone」を獲得する。それは，誰かとともにいて一人で遊ぶことができる能力であり，乳児が自分を見守ってくれる環境としての母親を内在化することに伴って確立される。Winnicott は，「一人でいられる能力」を，情緒発達におけるもっとも重要な成熟のサインのひとつであるとしている。

　さらに Winnicott は，可能性空間において遊ぶことは生きていることの基本を体験することであるとともに，その後，人間が生涯を通じて芸術や宗教，創造的科学的研究にかかわることにつながるとして，つぎのように言及している。

> 文化的体験が位置づけられる場所は，個人と環境（本来は対象）の間の**潜在空間**[注1]なのである。同様のことが遊ぶことにもいえる。文化的体験は，遊びの中で最初に現われる創造的に生きることに始まる。（1971，邦訳 p.142，太字訳書どおり）

　さらに，遊ぶことと文化的体験の共通した特質について，「それらは過去，現在，未来を統合し，つまり，**時間と空間を圧縮する**（同上，p.154）」と述べている。

5．ミュージックセラピィにおける「遊ぶこと」と「可能性空間」

　精神の病いにあるクライエントたちに見られる，自己防衛的な行為や欲求不満に対する耐性の低さは，成長の早期段階から十全な「抱える機能」を経験することが希薄であったことをうかがわせる。いま，ここで，最早期の母親的養育の環境を彼らに差し出すことは，彼らの成長過程において堆積されてきた環

境側の失敗を「解凍」し，抱える機能を再体験する機会を提供すること，そして，抱える機能の内在化を彼らに促すことを意味する。

　Winnicott は精神療法についてつぎのように述べている。

> **精神療法とは 2 つの遊びの領域を，患者の領域と治療者の領域とを，重ね合わせることである。**もし，治療者が遊べないとしたら，その人は精神療法に適していないのである。そして，もし患者が遊べないならば，患者を遊べるようにする何かがまず必要であり，その後に精神療法が始められるのである。遊ぶことがなぜ必須なのかという理由は，遊ぶことにおいてこそ患者が創造的になっていくからである。(1971, 邦訳 p. 75, 太字訳書どおり)

　この論述に沿うと，臨床における即興演奏は，クライエントの音楽領域とセラピストの音楽領域という二つの演奏の領域が重ね合わされたものと言える。両者の音楽と情緒状態は，調律されながら「私であるもの」と「私でないもの」とのあいだを行き来する。これは，「可能性空間」における母子の遊びと等価である。ここにおいて，母親と乳児が遊ぶことと，セラピストとクライエントが音をやりとりしながら演奏することとは，「プレイイング playing」という言葉のもとに意味の一致を見る。

　Winnicott はまた，遊ぶこと自体が治療であるとして，つぎのように述べる。

> 治療的処置とは，遊ぶことの内実である，運動性，感覚性の，無定形な体験と創造衝動に対する機会を与えることなのである。そして遊ぶことの基礎の上に，人間の体験的実存全体がうち建てられる。(1971, 邦訳 p. 90)

　われわれは，ミュージックセラピィの空間が「可能性空間」となるようにクライエントの音を紡ぎ，彼らの創造性や象徴形成の力に働きかける。しかし，可能性空間におけるそのプレイイング（演奏すること＝遊ぶこと）は，現実の生活と関係をとり結ばれていなければ治療として成立しない。文化的体験はつねに現実適応という視野を含んでいることについて，Davis ＆ Wallbridge (1981) の言及を通して確認したい。

> 　より広い視野から見ると，私的な体験の重なり合う部分とは，社会的諸制度や慣

習に，それらの特性や安定性や融通性などを与えるものである。各個人の潜在的な空間に対する価値は，私的な創造性によってなされる貢献である。いうまでもなくこの種の貢献は，芸術や科学の分野で，私たちの文化を豊かにしてきたような傑出した個人の創造物を意味している。しかし同じように重要なものとして，生活や労働などの華やかさの乏しい領域での自己をささげたものも含んでいる。
(邦訳 p. 78)

3節　Bion の理論：音楽と夢見

1．導　入

　Bion の見解は，Winnicott の「人間の精神的健康は，乳児期に母親によってその素地をつくられる (1958, 邦訳 p. 215)」という視点と軌を一にしているが，Bion は乳児の内的世界をさらに微視的に捉え，母親の機能について詳細に論じている。Bion の母子関係理論の中心は，乳児の安全を保障するとともに乳児の情緒と思考の発達を促進する，「包容機能」という概念である。包容機能は，泣いている子どもを母親が抱きとめて，その気持ちを推し測るといった日常的な母子相互作用のなかにも作動しているが，本節では，Bion が論じる母親の無意識の心的機能を，臨床の場におけるセラピストのこころの在りようと照らし合わせてみたい。

2．包容機能の概要

　Bion における母子関係は，乳児が自らの心的領域において，強い不安を伴う感覚印象や耐えがたい情動を経験すると，それらのすべてを断片化し，投影同一化を通して外部の対象，すなわち母親に排出するという幻想を出発点とする。この発想は，Freud (1920) の「快原理」を継承するものである。快原理とは，「不快」として経験される心的緊張が高まると，生体はその緊張を放出して，心的緊張から解放された「快」の状態に戻ろうとする原理のことである。

　「包容機能（コンテインメント containment）」とは，乳児が不満や苦痛に満ちた情動を母親に投影したときに，母親が母親自身の平静を崩すことなく，そのような乳児の情動を受け入れる能力のことである。Bion (1962) は，受けとめる器としての母親を，「容器（コンテナー container）」，器に入る中身として

の乳児の情動を「内容（コンテインド contained）」と称し，この対概念によって論を展開する。包容機能は，乳児の耐えがたい情動を乳児にとって消化できるもの，あるいは対処できるものに変形して，乳児のもとに戻すという作用を含んでいる。乳児の情動は，今や思考として使用可能なもの，あるいは記憶として保持されるものに変容している。つまり「容器」と「内容」は，静的な状態ではなく，結合と生産をもたらすダイナミックな概念である。その動的な状況を示すために，容器を「♀」，内容を「♂」という記号であらわされることもある。

　Bion はまた，母親の包容機能によって変形された感覚印象や情動体験を「アルファ要素」，アルファ要素に変形させる機能を「アルファ機能」と名づけている。これらの用語を使えば，乳児は，アルファ機能によってアルファ要素に変形された自らの情動をふたたび自己内にとり入れ，内的世界に統合するということになる。

3．アルファ機能の内在化

　乳児の泣き声や動作は，母親が受容するか，あるいは不快なものとして拒絶するかによって，それらがコミュニケーションの媒体となるかどうかが決まる。母親が乳児をしっかりと受けとめてアルファ機能を発動すれば，乳児の泣き声や動作に含まれるところの，まだ分節化されていないさまざまな情動はアルファ要素に変換され，コミュニケーションや思考の媒体として機能し始める。しかし，母親がそれらを受けとめない場合には，後述の「ベータ要素」に留まる。あるいは，乳児の情動は「奇怪な対象」となって，乳児自身に対して迫害的にはたらく。

　「♀」と「♂」を用いて個人の成長を描くとすれば，パーソナリティは，子どもの情動♂が母親♀に包み込まれて変容することのくり返しによって形成される。♀♂の連結が好ましいものであれば，すなわち母親がアルファ機能をつねに活性化し，子どもが排出したベータ要素をアルファ要素に変換して子どもに戻すことができていれば，やがて母親のアルファ機能は子どものなかに内在化される。子どもは自らアルファ機能を発動させることができ，その結果，欲求不満に耐えるか，あるいは欲求不満をそのまま留め置くかのいずれかによって，

思考を発達させる。子どもは，自己の内部で♀♂の自由な連結を生み出すことにより，パーソナリティを発達させるのである。要するに，個人の成長を左右するのは，欲求不満を回避するか欲求不満に直面するかの選択であり，それは，正常な容器♀として機能する母親対象が内在化されているかどうかということにかかっている。

　Bion は，共生的かつ統合的な♀♂の連結に加え，否定的な♀♂の連結についても論じ，包容機能は寄生的，破壊的ともなりうるという。この点において，包容機能は，つねに発達促進的な概念であるところの Winnicott の「抱える機能」との相違がある。乳児の過度の投影に対して母親自身が不安に耐えられない場合，すなわち乳児が過剰に情動の排出を続けることによって母親が傷つくとき，もしくは母親が容器として適切に機能しない場合には，母親は乳児の情動を抱えることができない。そこでは♀と♂は建設的に結びつかないか，互いを破壊するようなやり方で結びつくかのいずれかとなる。そのとき，乳児の情緒体験は途絶し，思考への道筋は閉ざされる。

　Backer（1993）は，欲求不満への不耐性は，子どもの投影同一化に耐えられない母親に起因すると述べる。つまり，子どもを取り巻く環境側の不安や無感情が，つぎに見る「精神病的パーソナリティ」を肥大させると考えられるのである。

4．アルファ機能の不全

　Bion の見解によると，すべての人間には「精神病的パーソナリティ」と「非精神病的パーソナリティ」が備わっている。非精神病的パーソナリティにあっては，自己内のアルファ機能が生の感覚データに働きかけ，視覚，聴覚，嗅覚の感覚イメージからなるアルファ要素を生産する。アルファ要素は記憶に保存することができる。その記憶に保存されたイメージは，覚醒時の無意識的思考のなかで使われて思考内容に豊かさを加えたり抽象化を促進したりするだけでなく，夢見や象徴形成にも寄与する。Symington & Symington（1996）は，アルファ機能の例として，われわれが普段の会話において，話されている素材の内容だけでなく，その瞬間の情動経験のすべてに反応して視覚イメージを浮かび上がらせることを挙げている。一方，アルファ機能の喪失については，母国

語以外に囲まれる外国生活を例に挙げている。つまり，言葉のひとつひとつは理解でき，使用することができても，それらはこころの深部では消化可能なものとはならず，したがって，イメージを喚起するような共鳴や連想をもって話すことができないという。

精神病的パーソナリティはアルファ機能の障害であるとみなされる。欲求不満や苦痛を耐えがたいものとして回避されると，こころは考える方向へと発達せず，「ベータ要素」を排除する装置と化する。Symington & Symington (1996) は，ベータ要素とは，「心に抱いておれないような事象」「意味の欠けている感覚印象，あるいは欲求不満を起こす名前のない感覚（邦訳 pp. 81-82）」と明快に説明している。ベータ要素はこころのなかで消化されることができず，異物として「もの自体」のように感じられる。それらは排出以外に扱いようがない。またベータ要素は，心的事象でありながら身体的事象とも経験されるため，筋肉組織を使って心的緊張を排出するような行為となる場合もある。一般的なできごととして，ベータ要素の排出は，「まるで下らないお喋り，こんぐらがって目鼻のつかない話，イメージをかきたてない単調な素材のたれ流し」(Symington & Symington 同上，p. 86) などである。

内的統合ができないこころは，内的現実および外的現実を気づかせるおそれのある感覚を断片化する。さらには，思考の素材を提供する知覚装置さえ破壊する。また，残るこころの断片は，「奇怪な対象」となって，外的対象や空間に防衛的に投影される。「奇怪な対象」のなかにはパーソナリティの断片も含まれているため，それらは脅迫的な性質を帯びて主体に迫り，やがて妄想形成の一部を担うこともありうる。このように，心的装置を破壊する攻撃とこころの断片の投影が，精神病的パーソナリティの特徴となる。

5．セラピストの包容機能

ミュージックセラピィにおいては，包容機能は，音として表出されたクライエントの混乱した諸感情や経験をセラピストが受容することと言えるだろう。クライエントは，耐えがたい欲求不満，不安や恐怖，自己のパーソナリティの一部を分裂排除し，即興的な音の表出としてセラピストに投影する。セラピストは，そのままの状態であればクライエントの経験世界の連続性を奪い，クラ

イエントをとりまく環境が脅威的なものであると感じさせる「ベータ要素の音」を，消化できる性質の，あるいは思考の素材となるところの「アルファ要素の音」へと変容させてクライエントに戻す。クライエントは，カオス的な情動を音という媒体で表現しても自分をとりまく状況が崩壊しないことを了解し，そのアルファ要素化された音としての情緒を自己の内に統合する。アルファ要素化された音とは，たとえば，穏やかな音色，安定したテンポ，調整されたリズム，輪郭の整ったメロディなどである。それらはクライエントの内に戻されると，思考の発達や他者交流の促進に寄与する。

　Winnicottの「抱える機能」と同様に，包容機能もまた，セラピィの場で再体験されることにより，クライエントに内在化されるようになる。クライエントは自らアルファ機能を発動させ，情動経験を感覚イメージとして捉えていくようになる。それは，夢見や象徴形成の具現化としての芸術活動の領域に入っていくことにつながり，必然的に非精神病的パーソナリティの特徴を優勢にさせる。パーソナリティ形成上の問題を反映する芸術表現はまた，パーソナリティの再形成における順調なプロセスをも如実に映し出してくれるのである。

4節　治療と芸術

1．芸術における応答

　芸術的営為が治療的指向性を包含していることを総括するに先立って，病理的な傾向が見られる芸術作品について言及しておきたい。

　昨今，注目度が高まっているアール・ブリュット art brut は，既成の様式や一般的な芸術教育から解放された美術作品の領域である。アール・ブリュットが，その自由奔放な表現力により，高い社会的評価を受けることはきわめて妥当である。しかしながら，ある種のアール・ブリュットの作品群は時として自閉的で共感を呼びにくい印象を受けることがある。一般にそのような作品は，通常の芸術作品に比して，要素の反復性および余白の回避性による，過剰な「緻密さ」を表現様態の特徴としている。宮本（1994）は，病者の作品からもっとも多く見出される特徴として，「充満」を挙げている。上述の緻密さは「充満」の等価物と考えられよう。病者は，強迫感に後押しされて反復を重ね，隙

間を埋め続けることによって，内的世界と外的世界のあいだの対象関係を停滞させるか，あるいは断ち切ってしまう。このことは彼らにとって，自らを閉じて不安や恐怖からのがれ，新たな状況に参入するリスクを回避するには好都合かもしれない。しかし，自己と世界のあいだに橋が架けられずに，ものの出入りが抑えられたままの状態のなかで，作品は生まれていくことになる。

　芸術の営みにおいて，自己と世界のあいだに架かる橋がないということは，応答する聴衆があらわれないと言い換えることができよう。Arieti（1957）が，「画家が自分が感じ，表現しようとしたものを発見するのは，その絵が人びとのなかに呼び起こす反応からである（邦訳 p. 429）」と述べるように，聴衆が不在であれば，創作活動は遂行されない。また Segal（1991）は，芸術とは「受け手が制作者と同一化して自分一人では可能にならないような深い感覚に達するのみならず，受け手はまた完結を求める仕事が自分に残されたと感じる（邦訳 pp. 157-158）」ものだと論じる。つまり聴衆がいなければ，作品は完成しないのである。

　応答する者が不在の状況で，病者たちは自らが自らに応答する者となる。また，通常の思考システムが閉ざされる結果，自分だけに通用する内部システムに頼って作品を作ることになる。まるで合わせ鏡に映るように無数に反復した自己像が，奥行きを失って同じ平面に何重にも焼きつけられていくような緻密性の形象化，この現象がアール・ブリュットのいくつかの作品に反映されていると考えられよう。

　音楽の場合は，美術のアール・ブリュットに相当するような作品は特定しにくい。ひとつの理由は，宮本（1994）が「時間芸術である音楽と時間性の深い障害をこうむる分裂病（統合失調症：引用者注）は背反的関係にある（p. 206）」と述べるように，欲求不満への耐性に乏しい病者は，時間に関して待つことへの耐性が欠如していると考えられる。したがって，時間的な要素が不可欠である音楽に自らの内面を反映させることは難しい。さらに音楽は，音が消えることから，余白を埋めるというある種の精神運動的な達成感は得られない。それでもなお，即興演奏において，時間余白を埋めつくすかのような反復性があらわれ，それらが自閉的傾向を帯びるのは 1 章で見たとおりである。このような音楽的現象は，アール・ブリュットの美術から受ける印象と相重なるものがあ

る。

2．セラピストの応答性

　ミュージックセラピィは，セラピストがクライエントとの音のやりとりを通じて，彼らの内的状況に共感し，それらを抱え，さらにそれらを変容させていくプロセスを有する。即興的な音のやりとりには偶然性や逸脱性がたえず付随しており，そのような事態に対するセラピストの即興的な対応こそが，クライエントを人格の再形成へと導く鍵となる。セラピストの役割は，クライエントの音に応答することだけではない。セラピストもまた，自らの内に偶然性と逸脱性を携えながら，音楽の積極的な作り手となり，演奏者となる。武満 (2000) による，集団即興演奏についての以下の言及は，ミュージックセラピィにおけるセラピストとクライエントの両者がともにめざす演奏 playing の場，すなわち Winnicott 的な意味での「遊びの場」において生起する事象までも映し出している。

> 作曲→演奏→聴衆という図式を，激しく循環し変化しつづける生きた関係とするには，音楽は，たえず生成しつづける状態としてなければならないように思う。そして，無数の個別の関係が質的に変化しつづけ，ついに見分けがたく一致するまでに音楽は行われなければならない。たぶん，音楽はその時，日常的挙動に還元されて，生の規律そのものとなるのではないか。(p. 207)

　不安や恐怖のために自閉的傾向を帯びた音も，ベータ要素の排出としての音であるゆえに共感されない表現も，臨床の場では聴衆と共演者を得ることにより，包容され，アルファ要素化され，象徴的な表現へと動き出すことができる。それらは新たなイメージや夢見をクライエントにもセラピストにも喚起し，協働的な芸術的営為の遂行へと向かわせる。Backer (1993) の，「包容機能は目標ではなく，基本的なセラピィ関係である」という見解は，ここにおいて現実性を帯びる。

3．「変形」と象徴形成

　最後に，Bion (1965) の「変形 transformations」という概念から芸術的要素

を用いる精神療法の意義について検討しておきたい。Bion も Winnicott と同様に，精神分析理論の展開において芸術や文化をたえず視野に入れている。

　Bion は，絵画や音楽は情動経験が一定の規律と規則に基づいて変形されたもので，その規律や規則が理解できる人のあいだで情動経験が共有できると考える。たとえば，遠近画法や色彩法は，了解されたルールとなって送り手側と受け手側との情動の共有に貢献する。Bion の変形は，まさに制作者と聴衆のあいだに橋を架ける象徴形成のことを言いあらわしている。Bion による変形についての見解はまた，Langer（1957）のつぎの言葉とも重なり合う。「音楽は，人間の直接の自己表現ではなく，感情，気分，精神的緊張と解決の定式化と描出である（邦訳 p. 270，傍点訳書どおり）」。絵画や音楽をはじめとする芸術の営みが精神療法に導入されれば，援助者と対象者は，互いに象徴表象の萌芽をもって交流することになる。病者にとって象徴形成は，すぐ手の届く身近なものとなろう。

　注1）　引用した訳書では，potential space は「潜在空間」と訳されている。

3章　ミュージックセラピィの事例：グループ活動を中心に

1節　視覚媒体における「抱える機能」の代替的役割

1．視覚作品の特徴

　ミュージックセラピィは，音楽の既成概念にとらわれず，オリジナルな音の連なりの生成をめざす営みであることは，1章において論じたとおりである。またそうした活動の具体例として，絵画やイラストなどの視覚媒体を導入する即興演奏の試みについても言及した。ここではイラスト作品をもとにしたひとつのグループ事例をとり上げ，視覚作品に託される機能について検討したい。

　人物や物体の特性がデフォルメされて描かれるイラストは，クライエントを「遊ぶこと」へといざなう好材料である。同時にそれらは，写真や写実的な絵画などのように，クライエントの感情や記憶を過度に刺激することがない。さらにイラスト作品は，他の視覚芸術に比べて，クライエントを極端に内向的な回顧へと導いて他者と「共に在る状況」の感覚を脅かすような可能性も少ないと思われる。

　セラピストは，Dick Bruna（b. 1927）の作品から，サーカスの場面が描かれた数枚のイラスト（ディック・ブルーナ文・絵／いしいももこ訳『さーかす』福音館書店刊所収）を即興演奏の題材として用意し，好きな絵を選択した者同士数名ずつのグループを作って演奏することを提案した（以下，本章におけるセラピストは著者を指す）。当該クライエントたちは，以前から図形楽譜[注1]を制作して演奏する試みを経験しているため，視覚作品を音に置き換えることについては多少なりともなじんでいた。また，図形楽譜の制作において，幾何学模様を描くことを示唆したときでも，その模様のなかにユーモラスな人間の顔

や動物の姿などを描くクライエントもいたため，やや退行的な趣きのあるイラストも受け入れられると判断した．もっとも，今回のイラストを提示する際に，Dick Bruna の作品全般に関する制作歴や諸作品の特徴，配色の独創性などについて解説し，それらが子どものための作品という位置づけを超えて，確固たる社会評価を得ている芸術作品であることを言い添えた．

2．即興演奏の様相

以下は，イラストの種類，演奏者数，使用楽器，おおよその演奏時間と各演奏の様子を簡単に記述したものである．なお一人のクライエントが複数の演奏にかかわっている場合もある．

ⅰ）馬の行進（図3-1）：3名（デジタルドラム[注2]，メタロフォン，タンバリン），約70秒

同一音が3拍ずつ順次進行する（例：ド・ド・ド・レ・レ・レ・ミ・ミ・ミ）メタロフォンの動きに始まり，つぎにデジタルドラム（以下ドラム）の音が入る．それらはギャロップを思わせる軽快な速さである．ドラムは両手で交互に叩かれることによって，各打面の音質の違いにより明確な2拍子を刻み始める．やがて，メタロフォンは1音ずつ順次進行する上下運動に変化し（例：ミ・レ・ド・レ・ミ・ファ・ソ・ラ・シ・ド），ドラムの2拍子に乗っていく．メタロフォンの音はさらに変化が起こり，ドラム2打に対して1音，つまり二分音符のテンポで，しかも跳躍音程をなす演奏となる．タンバリンは後半に登

図 3-1

場するが，先の二つの楽器のいずれの動きにも調和しない。しかし，タンバリンのいわば無拍子な音は，演奏全体を引き締め，最終的にはこの合奏を終結させる合図の役割も果たした。

ⅱ）ゾウとサルの曲芸（図3-2）：2名（小太鼓，電子キーボード），約50秒
　小太鼓によるロックの基本リズム〈♩ ♪ ♩ ♩〉の上に，電子キーボード（以下キーボード）の低い音が四分音符1拍ずつのメロディを奏で始める。メロディは順次進行と跳躍進行が混ざり合う躍動的な流れとなる。クライエント同士で事前のとり決めなどはなかったものの，明らかに小太鼓はゾウ，キーボードはサルの役割を担っていた。

図 3-2

ⅲ）ピエロの顔（図3-3）：3名（ウッドブロック，タンバリン，スレイベル），
　約60秒
スレイベルとタンバリンがそれぞれ別個のリズムパターンを開始する。互いにテンポが調整されることなく，ポリリズムのような混沌とした状態が続く。しかしほどなくウッドブロックによる〈♪♩ ♪♩〉の反復リズムが加わることで，音の流れが明確に刻まれ始める。先の二つの楽器はウッドブロックのリズムにテンポを合わせるようになり，リズム楽器のみで編成される合奏独特の味わいが生まれる。

図 3-3

　iv）綱渡り（図 3-4）：2 名（ハンドベル二つ〈ソとシ〉，シロフォン），約 30 秒
　それぞれの手に握られたハンドベルの 2 音が交互に，歩くぐらいの速さで鳴り始めたあと，シロフォンの和音（二重音）がハンドベル 2 音に対し 1 音のタイミングで穏やかに追随する。やがてハンドベルの動きに変化が見られ，音がときおり小休止したり，同一音が連続して鳴らされたりする。しばらくして二種類の楽器は互いにタイミングを計るように静かに音を止めていく。

図 3-4

　v）ライオンの顔（図 3-5）：8 名（コンガ，ボンゴ，デジタルドラム，スレイベル，タンバリン，トライアングル，メタロフォン，キーボード），約 140 秒
　まずコンガが軽快なリズム〈♩ ♪♪ ♩ ♩〉で始まる。つぎにボンゴの音がそ

の休符ごとに入る。続いて，ドラムがコンガのパターンを掬い取るようなリズム〈♩ ♩ ♪♪♪♪〉で安定した音を提供する。メタロフォンからは，二分音符のテンポで和音（二重音）が鳴り始める。三度音程の和音の響きは演奏に明るい調性感をもたらす。キーボードは，メタロフォンの動きに合わせて即興のメロディを生み出していく。やがて二分音符のテンポに代わって，四分音符や八分音符の速さによるメロディもあらわれる。その他の楽器についてはとくに特徴的な動きはなく，おおむねコンガのテンポに合わせて鳴らされ続けるが，それらはユーモラスなライオンを力強く表現するための補助的な音としての大事な役割を担う。

図 3-5

図 3-1～3-5：Illustrations Dick Bruna © copyright Mercis bv, 1953-2012 www.miffy.com

3．考　察

　単純なリズムパターンの反復や既存のメロディへの依存といった表現様態は自閉的性格を強く帯びていることについては1章で論じた。グループで行なう即興演奏において，こうした自閉的な表現に対する治療的介入がない場合には，一般に二つの方向に進むことが考えられる。

　ひとつは，クライエント個々において，リズムパターンやメロディフレーズに対する固執性がいっそう増大し，互いに無関連な音がひしめき合うというものである。彼らには，慣れ親しんだパターンと予測可能性に依存することによってしか，集団のなかで自己を維持する術はない。しかし他方，単純なリズム

の自動的反復やなじみのメロディの探り弾きは，クライエントにとって心の支え棒の役割を果たしているのかもしれない。われわれは誰しも，聴覚体験の積み重ねを通して身体内部に刻み込まれたところのリズムやメロディの型をいくつかもっている。音楽をつくる場面で手持ちのアイデアをとり出そうとするとき，病いにある人びとは，身体の深い部分に沈殿しているこれらの型に極端な形で頼ってしまうということなのだろう。

　このような硬直的な音楽表現は，いったん獲得した単語や言い回しを，意味を発展させることなく慣習的に用いる言語表現に類似している。Stern（1997）は，想像と呼ぶ，生き生きとした感情豊かな表現を導き出すためには，言語表現の硬直化した要素を解体しなければならないと述べる。同様にわれわれも，パターン化された音楽表現から脱し，音を組み替えたり連ねたりすることへの柔軟な方法を模索していくことによって，真の表現力を獲得することになる。

　自閉的な音楽表現が進むもうひとつの方向は，他者の音の動きに同調することによって，自分の音を他者の音に吸収させるに至ることである。これは，「仮性適応」や「同調過剰」，あるいは「自己の透明化」（1章参照）と称される彼らの生活様式の，音楽的反映である。

　本事例における一連の演奏では，通常の即興演奏ではパターンにはまったやり方でしかリズムを叩けないクライエントや，いつも同じひとつの楽器のみを選ぶクライエントが，そういった固執的な行為から自らを解放する様子がうかがえた。また，他のクライエントの音に追随する同調的な行為よりも，他者とは異なるリズムを考えついたり，他者のリズムの休符の箇所に自分の音をはめ込んでみたりといった，他者の動きにいわば対峙するような動きも見せ始めた。それらはまさに，サーカスのスリルを体感することの類似と言えよう。さらには，音を出すこと自体に対する不安のために，散逸的な音を生み出しがちなクライエントも，その不安を含んだ音がサーカスという主題のイメージにそれなりに吸収され，演奏中に戸惑いが広がることはなかった。

　本事例のイラスト作品は，クライエントが慣習的な音楽表現に頼ることを一時停止するとともに，周囲に同調することなく，クライエント同士が互いに影響し合ってテンポや音の強さなどを調整することを暗黙のうちに要請した。グループ演奏のなかで，クライエントたちはみな必ずしも互いの音を注意深く聴

き合う努力をしたわけではない。しかし彼らは，イラストのイメージを共有することによって，その絵に「抱えられ」ながら演奏することができた。すなわちイラスト作品は，「抱える機能」を発動する母親の代理となって，クライエントが安全な環境のなかで「遊ぶこと」へと導いたのである。ここに，演奏することと遊ぶことの言語上の一致，プレイイング playing が，本質的な意味において重なり合う。

　プレイイングのなかでは，新たなゲシュタルトや意味が生成される心理状態，すなわち「創造の源となる無秩序 creative disorder（Stern 1997, 邦訳 p.83)」という混沌から，統合へと向かうダイナミクスが体験されるであろう。さらに，クライエントたちが硬直化した表現形式や他者の個性に依存する刹那的適応から脱することは，Winnicott（1971）が「服従 compliance」という概念の対極に位置づけている「創造的統覚 creative apperception」を獲得する道筋でもある。即興演奏を通して，新奇な状況に対してそのつど新たな判断や行為の遂行を試みることは，自己肯定と協調の感覚を獲得しつつ，創造的統覚から生じるところの生きる価値を認識することとなる。

2節　高度な音楽技能をもつクライエントの「包容機能」

1．グループのプロフィール

　臨床の場では，卓越した音楽能力をもつクライエントがしばしば見受けられる。しかし即興演奏を行なう際には，この能力は総じて音楽における構造や秩序を堅守する方向に舵をとり，結果としてクライエントの自己防衛の強化に貢献してしまう。優れた音楽能力は，欲求不満への耐性の低さや自己の脆弱性を隠蔽するための一種のツールとなりうるのである。また，このようなクライエントが臨床グループのなかで演奏すると，他者から孤立する可能性がいっそう増大することになる。

　以下の事例は，高度な音楽技能をもつ一人のクライエントが，グループ演奏を支配する「ソリスト」あるいは「パフォーマー」という存在から，周囲の状況を読んで他のクライエントたちを支える「コンテナー（容器）」の役割へと転換する様相について論じるものである。

症例はデイケアに通う統合失調症寛解期の20歳代後半男性A氏。音楽グループに参加し始めたときは，若干の適応不安が残るのみであった。A氏は，生来的に知的水準が高いと見られ，スタッフや通所仲間との会話において，彼の豊富な語彙や社会的知識は際立っていた。それに加えて，彼は音楽的素養にも十分恵まれていた。音楽活動のために備えられている楽器の数々は，彼の好奇心を大いに刺激した。ピアノをはじめほとんどすべての楽器を器用に使いこなし，聞き慣れた複雑なリズムを再生することや，なじみのメロディを楽譜なしで弾くことに何の困難も見出さなかった。そればかりか，電子キーボードや鍵盤ハーモニカが彼の手にかかると，即興メロディが流暢に生み出されていくのであった。その一方，A氏は，セラピストや他のクライエントたちと音を聴き合い，互いのアイデアを生かしながら音楽を発展させていく相互作用的な即興演奏の要領はうまく呑みこめなかった。合奏という形は成していても，その音の大きさ，テンポ，曲想など，演奏のあらゆる要素は，すぐさま彼の支配下に収まっていく。彼はいわば「ソリスト」として音楽を率いていた。もっとも，A氏の態度は能力の誇示に由来するものではないと思われた。加えて，彼には他のクライエントたちの音楽的無能さを蔑むようなそぶりはまったくなかった。一方，他のクライエントたちも，A氏の突出した態度に対してとくに不愉快な感情をあらわすことはなかった。

2．小グループにおける即興演奏の様相

　セラピストは，上述のようなA氏の状況を数回のセッションのあいだ静観し，A氏の音が他のグループメンバーたちの音と融合するようにならなければ，他者との好ましい関係のとり方が彼のなかにいつまでも育まれないこと，そして，彼が今のままの演奏の仕方を重ねていけば，他のクライエントは反比例的に，ますます消極的な参加姿勢になっていくであろうことを推測した。

　セラピストは，A氏の音楽に直接介入する代わりに，期待されるひとつのモデルをさりげなく彼に示す方法を考えた。それは彼の音楽能力を尊重し，彼のプライドを損なわない唯一の仕方であるように思われた。A氏が参加し始めてから4回目の音楽活動において，セラピストは，3，4名ずつの小グループに分かれて即興演奏することを提案した。また，演奏する音楽のテーマをあらか

じめグループごとに決め，そのテーマに合った音楽ができあがったかどうかについて，演奏後に感想を述べ合うことも提案した。もっとも，テーマにふさわしい演奏ができたかどうかを相互評価することは，それぞれの演奏場面に区切りをつけるため，あるいはクーリングダウンのための名目にすぎず，相互評価の内容が大きな意味をなさないよう配慮した。

　A氏は，小グループにおいてもソリストの本領を発揮した。彼は，別の男性クライエントが叩き始めたタンゴ調のリズムに反応して，すぐさま鍵盤ハーモニカでメロディの即興を開始し，ギロを選んだもう一人のクライエントを含めた3名で，「粋な感じで」という題目の音楽をみごとにまとめあげた。一方，セラピストはA氏が属さないグループに演奏者の一人として加わった。このグループは，「春の風景」というテーマで音楽をつくることになった。セラピストはクラベス（拍子木）を選び，ときおりバリエーションを加えながらも控えめな音の強さで4拍子のシンプルなリズムを保持し，グループの音楽全体を「抱え」た。A氏は，われわれのグループの演奏開始前からセラピストの手元に注意を向け，セラピストの高度な演奏を期待しているようであった。実際には，セラピストは上述のようにごく基本的なリズム奏に終始したのだが，それでも，彼のセラピストへの注視は続いた。この関心の持続は，セラピストの発するリズムが音楽構造の下支えをしていることを，A氏なりの方法で理解している過程であると思われた。

3．二人組および大グループにおける即興演奏の様相

　翌週，セラピストは，二人ずつの組になって即興演奏することを提案した。A氏はたまたま隣りにすわっていた男性クライエントB氏とペアを組んだ。B氏はリコーダを選んで先に音を出し始めたのだが，その音は息苦しそうにかすれ，短いフレーズにさえまとまる気配はなかった。A氏はしばらくその音を聴いたのち，手元に引き寄せた小さなボンゴで拍子をとるようにしてリコーダの伴奏を始めた。B氏はこのボンゴの拍子に寄り添って吹いていくことはできなかったものの，A氏からの，視線合わせによる演奏終了の提案を感知し，二つの楽器は同時に鳴りやむことに成功した。

　A氏はその後三週連続して欠席した。ほぼ一ヶ月ぶりに戻ってきたとき，A

氏はふたたび二人組による即興演奏の機会を得て，今度はC氏とペアを組んだ。C氏はふだんから不活発な印象の女性で，スタッフや他のクライエントたちと積極的に交流することはほとんどなかった。しかし音楽の場面では，セラピストやスタッフが適切に働きかけると，安定したテンポで打楽器を叩いたり，木琴を使ってまとまりのある即興メロディをつくり出すなど，かぼそい音ながらもセンスのよい演奏の仕方でグループに貢献していた。A氏は，C氏がコンガを選択したのを見届けてからピアノの前に静かにすわった。そしてC氏の緩徐な動作と弱々しい音に合わせるように，静かな響きでハーモニーを奏で始めた。彼の指はいかなるメロディも探索せず，鍵盤の低音部で循環的な和声進行を維持することによってコンガの音を支えた。コンガもまた，ピアノの穏やかな音と安定した和声進行にいっそうなじむ音質へと変化した。やがて二つの楽器は静かな余韻を残しつつ，ほぼ同時に鳴りやんだ。

　その翌週，われわれは活動の最後に，その日に参加していた8名のクライエント全員で即興合奏をすることを試みた。グループメンバー全員による即興演奏は，セッションの流れのしめくくりとしてしばしばふさわしい。それは，どのクライエントも大きな負担を強いられることなく参加できる気楽な機会であると同時に，たとえば新たな楽器に挑戦してみようとするクライエントにとっては，ほどよく目立たずにその楽器を試せる好都合な時間となる。しかし当然のことながら，人数が多くなればなるほど，テンポや拍子感を互いに調整し合うことが難しくなる。この日も例外ではなく，最初のうちはいくつかの打楽器の音が小さなリズム楽器たちの音に覆いかぶさるように重なり合い，混沌とした音の集塊が膨らみ続ける状況となった。テンポや曲想を整える糸口がどこにも見出せないことを察知したA氏は，自分がそれまで支配的にメロディを奏でていた鍵盤ハーモニカをゆっくりと脇に置き，近くにあった電子キーボードを手許に引き寄せて，シンプルな循環和音を演奏し始めた。一方，A氏の響きに包まれた他のクライエントたちの音はまもなく，それぞれに安定と規則性を獲得し始めた。合奏が自然に終結した後，A氏の演奏技能と洗練されたセンスは，メンバーたちの賞賛を浴びた。

4．考　察

　A氏の音楽能力は，ふだんから慣れ親しんでいるリズムやメロディを再生するにとどまらず，一定の構造をもつ音楽を即時に生み出す力にまでおよんでいた。特定の調性や五音音階が直観的に選択されてつくられるメロディには，シンコペーションなど難度の高いリズムパターンも付帯していた。メロディの輪郭を想像しつつ，瞬時にさまざまな音を組み立てていく彼の演奏は，音楽面のみを評価するならば，きわめて申し分のないものであった。しかし一方で，このような秀逸な音楽表現はまた，欲求不満への耐性の低さと自己防衛の強さを知らしめるに十分なものでもあった。Tustin（1990）が「意識を狭小化することは，自らの苦境を救うこと（p.153）」であると述べるように，彼は音楽的秩序を遵守することによって意識の幅を狭め，外部から侵害され傷つく脅威から逃れながら自己の脆弱性を隠蔽していたと考えられる。グループに参加し始めた当初のA氏にとって，演奏 play の場は，Winnicott 的な意味での「遊びの場 playground」ではなく，孤立を助長するだけの空間であった。

　彼の優れた音楽能力が他者と応答し合うといった相互作用に寄与しないのは，抱えられる環境，すなわち「可能性空間」で「遊ぶこと」が，彼には発達早期から希薄であったことを推測させる。畢竟するに，「抱える環境」もしくは「包容機能」の内的モデルをもつことができないA氏は，音楽的「自閉対象」によって刹那的な満足を得て，さらにそれによって自らを守る，という行為以外に選択肢はないのであろう。

　一般に，Tustin の「自閉対象」に相当する演奏様態に働きかけていくには，まずセラピストがクライエントの音楽を映し返すように模倣的に演奏し，それがどのように「閉じた」ものであるかをクライエント自身に気づかせることが考えられよう。音楽的な解釈，示唆，批判という形で自閉的状態に対応することは無効である。Kortegaad（1993）は，クライエント自身の「音言語 sound language」による音楽を「鏡映しにすること mirroring」によって，セラピストの統合された自我は包容機能をもつという。しかし本事例においては，A氏の音楽をそのまま映し返すことは，セラピストと彼のあいだの音楽的技能の非生産的な競演となる可能性が考えられた。さらに，彼の音楽を侵害しないように別の音で型どりをしていくといった，音楽構造の基本的枠組みを活用する通

常の働きかけも有効ではない。彼の音楽のなかにはそのような構造はすでに十分備わっているからである。

　以上のことから，セラピストはひとつのロールモデルを示すことによってA氏に間接的に介入する方法をとった。すなわち，彼の音楽に込められている不安をセラピストが間接的にコンテイン（包容）して，彼の自閉対象的な音楽を遊ぶ対象へと変容させるという方策である。

　セラピストの控えめな音が即興合奏を支えていたことに対するA氏の理解は，翌回の活動において直ちに応用された。それは音楽的に他者を「抱える」経験となるものであった。B氏とのペアにおけるボンゴ奏は，聞き苦しいリコーダ音を秩序正しい拍子感によって包み込み，B氏を合奏へと誘うきわめて現実的な方策であった。また，単調なリズムパターンが反復されるC氏のコンガ演奏に対してA氏が選んだピアノは，メロディを奏でる楽器として最適であった。それにもかかわらず，彼はあえてメロディ即興を行なわない決断をし，コンガの音を和音の響きで支え続けた。もっとも，C氏の繊細な音は，A氏にとって侵襲性を帯びたものではなく，彼が自らの音楽能力を駆使して自己防衛的に演奏する必要はなかった。したがって，彼自身も意識の幅を狭める必要はなかったのだろう。もしそうであったとしても，A氏にとってはいずれの演奏も，セラピストが担っていた「抱える環境」の役割をなぞることよって，自らが出していく音が周囲に影響を与えていくことを自覚できるよい機会であった。彼は二人組の演奏において，自分が中心になるのではなく，他者を守る枠になることによってこそ音楽の広がりを主導しうるということを認識したと思われる。彼は，「抱える環境」の機能を実際に担ったことにより，欲求不満をもちこたえる能力を育てることへと前進したと言えよう。C氏もまた，A氏のピアノ伴奏に寄り添って安心して演奏を続けただけではなく，A氏の支えに応えるように，打拍の仕方や音色の様態を変化させていった。この変化は意識的になされたものではないと思われるが，それだけにA氏は，「抱えること」を超えて，両者が互いに作用し合って変化の兆しを見せる「包容機能」をみごとに発動したと言える。包容機能による両者の変容は，音楽活動が情緒の共有体験の場として確立してきたことを示すとともに，音楽活動が治療の場から芸術体験の場へと変化を遂げつつあることをも意味する。

A氏の抱える機能，もしくは包容機能は，その翌週の即興合奏でさらに確かなものになった。鍵盤ハーモニカで即興メロディを奏でていたA氏が電子キーボードで和声的な響きをつくることへと自発的に移行したのは，特定の他者を抱えるという役割を超えて，状況を大局的に抱え始めたことを意味する。いま聞こえている音楽が新たな関連性や枠組みを必要としていることを，彼が認知的に判断した結果というよりむしろ，混沌とした音空間を抱えようとする彼の情緒的な動きが，彼の行動を後押ししたかのようであった。彼の音楽経験はこの時点で，パフォーマーとしての非人称的経験から，刻々と変化する状況をも抱えうるコンテナーとしての主体的経験へと移行した。ここで，非人称的経験というのは，音楽的に同等の能力をもつ人なら誰でもが行ないうること，あるいは，誰でも代用が効くという意味である。彼の優れた音楽性は，数回のグループ経験を通して，彼のみが成しうる最高度のコンテインメントの達成をもたらした。

5．音楽的現象の検討

　前項において，A氏はセラピストが担っていた「抱える環境」の役割をなぞることによって音楽表現の新たな境地を開いたことを見た。尼ケ崎（1990）は，「なぞり」とは，自らその具現例を実現することによってその「型」を身につけることであるとして，模倣との相違を論じている。模倣は，自分の身体を客体として操作し，外形を似せることであるのに対し，「なぞり」は，身体の自発的な活動の「型」を自分の身体に具現させることであるという。これらのことを本事例に照らすと，A氏は，セラピストが即興演奏に加わっているときの「型」を会得するために身体内運動を発動させ，セラピストの「抱える環境」を内在化することを達成したと考えられる。演奏の「なぞり」は，「鳥が飛ぶのを見るということは，飛んでいる鳥を見ることと自分が飛ぶ感覚をもつことが含まれる」とAldridge（1989）が言及する身体図式に近いかもしれない。

　音楽の要素に関しては，メロディ的な要素は外形を似せるという意味で模倣されることが多いのに対して，リズムはなぞられやすいと言えるだろう。演奏されるリズムは，規則正しく聞こえるもののなかにも，動きの緩急や間（ま）といった，呼吸とともに変化するゆらぎの要素がかならず存在する。それゆえ，

リズムは機械的な打音とは異なる。リズムを「型」としてとり入れるためには，音符としてあらわされるような時間の刻みをわかるだけでなく，リズムを刻む奏者の身体運動を自分の身体図式として経験し，加えて，リズムの動きが暗示するところの未来の変化に対する気配にまで意識を延ばさなくてはならない。Aldridge (1989) は，リズムについて，「音楽知覚と生理的凝集性を通底する統合的なプロセスの鍵」であると述べている。

　このような，「なぞり」によってクライエントに内在化された「抱える環境」のもとで生起する音楽について，Klages のリズム論を通して検討しておきたい。

　Klages (1944) は，拍子とリズムを明確に区別し，拍子というのは，直観像を加工するわれわれの精神のはたらきの所産であって，直観像の生産ではない，あるいは，境界づけられたものはリズムではなくて，たんなる系列か，もしくは拍子にすぎないと言及する。拍子は意識的精神作業の所産であり，リズムは体験的，無意識的生命現象であるという捉え方は，先にリズムのなぞりで見たところの，リズムが呼吸に付随してゆらぎをもつことに通じる。拍子は模倣によって再生されることができるが，リズムはなぞりによってしか再現されることができないということである。A氏はセラピストをなぞることによって，拍子の規則的な再生産から脱却し，生命現象としてのリズムの生成を経験することへと移行していったと言えるだろう。

　また Klages は，拍子とリズムは本質的に異なる発生源をもつと見る一方で，リズム価は拍子を加えることによって高まる場合がある，と生物学を根拠にして論を進める。生命体に抵抗を与えると，その抵抗を跳ね返すかのように生命力が増進されるのと同様に，リズムに拍子の抵抗を与えると，リズムは屈折し，それによりリズム価を高めるというのである。A氏と女性クライエントC氏との合奏において，A氏の和声進行は，冗長なコンガ奏に対して一種の抵抗として割り入ってきたものである。しかし実際には，A氏の音はエネルギーレベルの低いコンガ奏を支えたばかりでなく，コンガの音が徐々に力のこもった響きへと変わっていくことにも貢献した。ピアノによる循環和声の動きは，コンガのリズムに対して，上述の拍子のはたらきをしたと考えられる。すなわち，和声進行に内在する計測的時間の動きが，コンガの運動のリズム価を強化し，コ

ンガの単調な拍の持続を真のリズムとして二人の演奏者に体験せしめたのである。これはまさに Klages が，「内面的リズムがはなはだしく弱々しい場合に，拍子を保持し，またその拍子によってリズムを保持するためには，できるだけ整った拍子が必要とされる（邦訳 p.88）」と述べている事象の，ひとつの具現化とみなせるであろう。

　最後に，「拍子は反復し，リズムは更新する（邦訳 p.57）」という Klages の言及に立ち止まっておこう。この意味は，意識的に同一のものを反復実現させることができるのは人間の精神作業のみであり，それは拍子に代表される一方，リズムの生成や生命事象は，すべて類似したものの更新であるということである。

　グループの即興演奏において，グループ全体をコンテインしたA氏は，一人の女性をコンテインした場合と同様に，和声進行に内在する整った拍子を供給することによって，リズム価の高い音楽を生み出すことに貢献した。そのリズム価の高い音楽は，持続的な推移のなかで更新される諸要素の差異，つまりわずかなゆらぎを包含しながら，生気ある振動に満ちた音楽となった。そればかりでなく，この合奏音楽にはさらに新しい意味をもたらす「脈動的波立ち（Klages，邦訳 p.65）」があらわれ始めたと言えよう。演奏後に自然発生したところの，仲間たちからの言語による賞賛は，グループの各人のこころに広がり始めた穏やかな「波立ち」に起因すると思われるのである。

注1）　図形楽譜 graphic score：記号や図形で表わされた楽譜。前衛作曲家が自身のイメージを表出する手法として使い出したもの。偶然性の音楽 chance music や電子音楽においても多用されているが，広義には，五線譜を用いずに書かれたあらゆる楽譜の様式を指す。
注2）　デジタルドラム digital drum：数個（4〜7個）の円形の打面（パッド）をもつ卓上型のドラムセット。パッドをバチで叩いた際に発生する電気信号が音源に送られ，叩く強弱によって表現力のある音が電子的に再生される。タムタム，スネア，シンバルなどアコースティックドラムセットのさまざまな音に設定できる。

　　本章1節は，「精神科リハビリテーションにおける音楽活動の意義：即興演奏と〈遊ぶこと〉の内実」『日本芸術療法学会誌』35(1,2)，8-17の一部を加筆の上引用した

もの，2節は，From performer to container: A psychiatric group with a musically-accomplished client. *British Journal of Music Therapy*, 21(2), 53-57 に紹介した事例を詳細化し，考察を加えたものである。

4章

描画に託す音楽・音楽に託す描画：
セラピィのコラボレーション

◉ 道しるべ

　音楽活動を集団精神療法の一環として組み込んでいくにあたってめざすべきは，「音楽すること music-making」を通してクライエントが自己の情緒状態を整える，そしてその音楽が，他者とかかわる媒体として活用されることである。このように，音楽活動が他者との交流の方法やそのタイミングを模索する機会となって治療的性格を帯びるためには，クライエントを「即興演奏」へと導くことが必須となる。即興演奏をファシリテイトするセラピストの側は，クライエントと音を和していくなかで彼らの心の内奥の変化を読みとる。また，即興演奏を導入することにより，いわゆる「音楽療法」はようやく他の芸術療法と次元を同じくすることができる。すなわち，「既製品の音楽」に頼るのではなく，たとえわずかな音の連なりであってもオリジナルな音楽をつくり出していく，そのプロセスが存在してはじめて，音楽活動はクライエントの創造性に働きかける芸術療法となりうるのである。

　本章は，精神科臨床においてアートセラピィとミュージックセラピィを統合的に活用する意義について論じるものである。具体的には，クライエントが描画を制作し，その作品を題材として彼ら自身が即興演奏を行なうことの有効性を考察する。そこでは，視覚表現が音楽表現へと変換される過程で新たなイメージが付加されたり言語による補足説明が喚起されるといった積極的な反応が見られる反面，戸惑いや混乱も起こりうる。このような点について臨床事例をもとに検討を行ないたい。

1節　描画と音楽，その創作への道筋

1．即興演奏における時間の意識

　自由に選択できる楽器が備えられた条件下で，なおかつ演奏上特別な制約を

課されずに演奏が始められる場合の典型的な様相は，打楽器による単調なリズムパターンのくり返し，あるいは，木琴などの旋律楽器が選ばれて演奏される簡単なメロディ，たとえば童謡やコマーシャルソングのよく知られたフレーズを試行錯誤して再生するといったものである。しかしこのような行為はけっして臨床の場に限られるものではない。新奇な民族楽器に触れるときのわれわれ自身の処し方を想像すれば，こうした反復的行為はごく自然な反応であると納得できよう。しかし問題は，臨床の場面では時として反復が強迫的に持続することである。何らかの抑止介入がなければ鳴りやむことが期待できないこのような行為は，他者との心的交流のない自閉的な空間を築くことへとクライエントを導く。

　上述のような状況をあらかじめ回避するために，あるいはより積極的な理由として，音楽を介した相互交流の場を促進するために，セラピストがクライエントといわば共演する即興演奏のやり方がある。ここでの即興演奏は，自己のリズム（内的リズム）と他者が生成するリズム（外的リズム）のシンクロニーを通じて，音楽構造に支えられつつ情緒や思考を練り上げるプロセスとしての音楽つくりとなる。なお，このシンクロニーという用語は，「自己と対象の境界が融解あるいは消失することなく，調和的，自発的に応答すること」というBrown & Avstreih（1989）の定義に基づいている。

　さて，相互作用によって生まれる即興演奏のもっとも基本的な形態は，セラピストとクライエントの二重奏である。クライエントは，セラピストが開始する規則的な拍打ちもしくはシンプルなリズムの上に，思いつくままに別のリズムを即時的に合わせていく。あるいは反対に，クライエントが奏し始める拍打ちやリズムの上に，セラピストがやや複雑なリズムを乗せることもある。このような形態は，精神分析的見地から見ると，母子分離プロセスの再体験としての意味をもつ（稲田 2005）。また，即興演奏が，クライエント同士による二重奏や数名によるグループ合奏といった体裁になると，それらは現実的な他者交流の練習の機会となる。

　以上に見るように，相互交流的な即興演奏が遂行される際には，共有される一定の拍子やテンポが存在するのが通常である。それらは，音楽のなかに自らを規定するための足場であるとともに，他者の反応を予測するための手がかり

でもある。しかしながら，即興音楽を成立させるためのこのような拍子やテンポは，われわれを安定した状態に留めておかない。それらは意識をつねに前へと駆り立てる。つまりわれわれは，時間の流れに支えられながら他者とともに音楽を生み出していく充足感を経験すると同時に，時間の流れに追われる居心地の悪さも抱えることになるのである。もちろん治療の場での即興演奏は，第三者に聴かせる音楽をつくることが目標ではないゆえに，やり直しはいつでも可能である。しかし「前方に進む」ことを前提にすることなく音楽を生み出すことはできない。

　自分が刻むリズムでありながら，あるいは自分が乗り始めたリズムでありながら，止めたり降りたりする機会を逸してしまうような，時の流れに対する拘束感は，先に見た単調なパターンの強迫的な反復と通底するものがある。

2．「反復」の意味

　一方，われわれが絵画を鑑賞したり描いたりするときに起こる心的作用は，音楽にとり組むときの様相とは異なる。まず，絵画を鑑賞するとき，われわれは目に映る色，形，構図といったさまざまな要素がひとつの脈絡のなかに入って意味を結んでいくのを待つ。われわれはそれを，時間の脅威からのがれた「行きつ戻りつ」の思考機序のなかで達成させていく。Boulez (1989) は「絵画を前にした場合，熟考の時間は，眺める人物に固有であり，その人によって統御され，そしてそれだけに知覚は容易になる（邦訳 p.77）」と述べる。また絵画を制作するにおいても，われわれは自らで時間を統御しながら記憶を再構成し，情緒や思考を深化させる。そこにも精神の行きつ戻りつの運動がある。つまり，時の流れを緩めたり，時には遡ることさえしながら，自らの心の内奥と向きあって作品をつくり上げていく。この行きつ戻りつの機序は，生産的な反復作用，と言い換えてもよいだろう。

　以上のこととは対照的に，先に見た，音楽のなかでの強迫的な反復と時の流れに対する拘束感はいずれも，言いようのないせきたてられ感を伴っている。誰がせきたてているのかが不明であるだけに，われわれは時間の脅威にすぐさま立ち向かう術をもつことができない。もしそこに，「行きつ戻りつ」の運動が可能になるならば，演奏する様相も上記とは異なるものになるであろう。時

間の制約を解かれた音楽とはどのようなものか。一般の音楽作品における「反復」の側面から考えてみたい。

　一般に「反復」というものは，既存の音楽作品においてなじみ深い要素である。古典音楽からポピュラー音楽に至るまで，われわれが口ずさむことのできる音楽には反復的なフレーズがほとんどかならず存在する。それらは，1小節のなかに収まる小さなまとまりもあれば，何小節にもわたる長大なモチーフもある。音楽を聴くなかでそのようなフレーズがくり返されるとき，われわれは前進する時間から一時的に身を離して，行きつ戻りつの世界へと入っていくことができる。この行きつ戻りつの体験は，音楽形式を享受するといった純粋な音楽体験であるばかりでなく，「時」の立ち止まりに身をまかせてその音楽に対する各人のパーソナルな情緒を喚起させ，時には思考を深めることに関与する。このように，音楽の世界においても生産的な反復作用は存在する。

　翻って，病者が断片的なリズムやメロディを強迫的にくり返す行為は，時間の脅威を回避するための彼らなりの努力，もしくは「行きつ戻りつ」に対する希求であると見るならば，時間のせきたてからのがれ，なおかつ自己内の語らいを促進する方策が見出されなければならない。そこで，描画と音楽を結びつけた治療的芸術活動が提案される。次節では，まず既成の視覚作品を即興演奏の題材として活用することの意義を確認したのち，描画制作と即興演奏を組み合わせる意義について考察する。

2節　描画と音楽の統合的活用

1．描画制作と即興演奏

　即興演奏を治療グループで実施する場合，これからつくろうとする音楽の性格やイメージがあらかじめ共有できるように，演奏に先立ってテーマを設定することがある。そのテーマは，たとえば「木枯らし」や「星たちの踊り」といったいわゆる曲名のような言葉で，あるいは「軽やかに」や「おごそかに」など音楽の発想記号に類する言葉で，セラピストもしくはクライエントから提案される。一方，既成のシンプルな絵画やイラストなどの視覚媒体もまた，言葉によるテーマ設定に代わるものとして有効である。クライエントたちは視覚作

品を通してイメージを広げることができる結果，その作品に因んだ即興演奏では，それらのイメージを互いに確認したり交換し合うように音を織り合わせ，「いま，ここで」の情緒的な体験を共有することができる。3章においては，こうした既成の視覚作品はセラピストの「抱える機能」を代替し，精神療法的な意味での「遊ぶこと」の実現に貢献することを論じた。

　それでは，上記のような既成の視覚作品の役割を創作作品に担わせる意義はどのようなものであろうか。即興演奏に先立ってクライエント自身が何かを描くということは，自己の内奥にある未分化な情緒や思考を構造化するための準備作業となる。描く行為において，クライエントたちは各自の歩調で自己の内面を整える。時間に駆り立てられることなく自らの内で語らい，表現のためのイメージを広げる。すなわち，描くために用意された一枚の平面は，自己を表現する形を思索する「立ち止まりの場」と「行きつ戻りつの場」を保障するとともに，表現の全体的な展望や見通しをもつことに寄与する。さらには，描画作業から演奏へと表現形態の移行があらかじめ提案されることにより，クライエントは自分の描画表現が不満足に終わることがあったとしても，そのあとの音楽によって補足，説明，訂正などができるのだという安心感も得る。

　描画に続く演奏に関して，いまや描画という自らが制作した安定した足場をもった即興演奏は，先述のような時間のせきたてからのがれることができる。描画の「全体性」に支えられることは，演奏における展開の見通しにも影響するのである。描画の制作を通してあらかじめ音楽表現の全体像もイメージできることにより，時間は「空間化」される。そこではもはや，非生産的な反復を続けて時間の脅威に抵抗する必要はない。また，時間の流れに乗り遅れないよう，慣習的な音楽イディオムを使って態勢をとり繕うことも無用である。耳慣れたリズムやメロディを使った音楽表現は，言い古された言葉を継ぎ接ぎしながら自分の気持ちをあらわす陳腐な言語表現に等しい。そうではなくて，クライエントたちは，独創的なリズムや音の連なりを試しながらこころの内奥を整えていくことを，行きつ戻りつの運動とともに遂行する。

　以上の総括としてBoulez（1989）による絵画と音楽についての見解を引用しておきたい。

一枚の絵画においては，たとえ大きなものであっても，私たちはその空間を作り出しているものをただ一瞥するだけで包括的に捉え，即座にその限界を見てとり，そうした限界を通じて，瞬時にその 構成(コンストリュクシオン) すべてを知覚する。絵画は全体性として把握される存在なのだ。音楽において，時間の知覚，モジュールの知覚はまったく異なり，絵画の場合よりもはるかに瞬間というものに，それも取り返しのつかない瞬間に基づいている。一枚の絵画が切り出す空間を前にすると，たとえそれがチェス盤の空間のように分割されたものであっても，視覚作用は原則的にまず全体的なものである。それに続く分割された視覚作用は，そのようにして捉えられた全体的な空間をより良く感知する助けとなる。音楽において，事態はまったく逆である。私たちが感知するのは，瞬間であるか，あるいはせいぜい，ある瞬間と別のある瞬間との関係である。(中略) 音楽作品の総体的な再構成は想像的な再構成である。ひとつの音楽作品が現実に見通されることはけっしてなく，その知覚はつねに部分的である。総合は，後になって，仮想上のものとしてしかおこなえない。(邦訳 pp. 57-62)

2. 描画制作における枠づけ

以下「描画」という用語は，特定の画材と手法によってつくられた「絵画」に比して，画材や技術の拘束を受けずに平面上に描かれた形象の総称とする。

はじめに描画作業に際しての枠の設定について確認しておきたい。「枠づけ」という概念は絵画療法（描画療法）の一手法としてすでに了解されている。たとえば，中井が提唱した「風景構成法」(山中 1984) では，被治療者の眼前で枠を書き入れるといった特徴的な手順をもつ。枠づけをすることによって紙上の描く範囲を規定するのは，自我機能の脆弱な人びとの過度なイメージ流出を抑えることが目的である。ただし中井 (1970) は，「枠づけ」は寛解期の患者に対しては描画を容易にし，枠の内部の形態も明瞭にするという利点がある一方，急性期の患者に対しては集中を強いて逃げ場をなくすことによって内面の表出を強いる結果となる場合があるとして，その危険性についても言及している。

本活動ではさらに，枠の「形」に積極的な意味を付与している。クライエントはセラピストの提示するさまざまな形の枠のなかに，その形に収めるにふさわしいイメージを考える。そのねらいは，描くものを決定する際に余分な不安をあおることがないようにすることと，後に続く即興演奏のアイデアの見通しをつけやすくすることである。

ここでは，Tシャツ型の枠と，「私のソナタ」と題した枠をとり上げる。枠は

A4用紙にあらかじめ印刷済みで，画材は色鉛筆または多色サインペンを用いる。

Tシャツ型の枠の特性は，描く行為自体への抵抗感が少ないことにある。それはたとえば，自分もしくは他人が実際に身につけているシャツの柄をヒントにできること，小さなワンポイントでもデザインとして成立するため，余白を残すことについての不安から解放されること，記号や単純な幾何学模様もデザインとして十分考えられるゆえに，作品の巧拙とは無縁であることなどの理由による。あるいは反対に，思いつくアイデアが多すぎる場合でも，それらを整理したり無理に取捨選択したりする必要がない。Tシャツの上に独立したいくつもの模様が並置されても，さして不自然ではないからである。

「私のソナタ」の枠では，三つの円を横一列に配した枠づけに基づき，関連する三場面からなる描画を完成させる。この枠づけの特性は，連続的に変化する要素を描き入れることにより，空間のなかに時間の流れがもち込まれることである。「私のソナタ」という題名は，描画に変化や発展の要素が三種類求められていることを暗示する比喩的表現にすぎず，音楽用語としてのソナタ形式を応用するための呼称ではない。三つの場面を想起することは，二つの場面に留めることに比べて，描く労力が単に増加するだけでなく，質的に異なる作業となる。二つの場面なら，「大小」や「明暗」など対照的な事象，あるいは変化の前後や因果関係を思い浮かべることで空白が埋められるのに対し，三場面になると，経過的な事象や未到達の領域にまで思いを馳せる必要が生じる。これらの作業がクライエントにとって心理的負荷が大きいと判断するときには，いくつかのアイデアを口頭で例示して，困惑や不安を軽減するのがよいと思われる。著者はたとえば，顔の表情の変化，天気の移り変わり，植物が成長する様子などをヒントとして提示してきた。

3節　臨床における実際

以下は，統合失調症寛解期のグループワークにおける事例である。それぞれの描画について，簡単な説明と推察しうるクライエントの内的状態，および描画作業を終えた後の即興演奏の様子を記している。

1．Tシャツ柄の事例

　事例1（図4-1）：「ひまわり」が中央に大きく描かれたのち，右下隅に小さく「かき氷」の絵が添えられた。このクライエント（女性）は，かき氷を出現させることにより，一般的な夏のイメージをパーソナルな夏のイメージに変換した。つまり，ひまわりを描いて誰もが共有できる夏をまず現前させ，つぎにかき氷を控えめにつけ加えることによって個人的な夏を差し出している。そこには他者からの笑いさえ引き受けようとする強さも見える。このデザインをもとにした演奏も，一般的な夏のイメージを喚起するコンガの乾いた音のあとに，お気に入りのハンドベルで小さな音を連打して個人的な要素を加え，充足感と安堵感を得た表情で演奏を終えた。

図 4-1

　事例2（図4-2）：空間がのびのびと使われてしゃぼん玉とハートが散りばめられている。本作品は三色しか使われていないにもかかわらず，それ以上に豊かな色彩感を醸し出しているのは，しゃぼん玉が光を反射しているように描かれているからであろう。またその反射効果により，しゃぼん玉はゆらゆらと上下に揺れ動いているようにも感じられる。このように一定の枠のなかで動きの萌芽が見られるのは，安全な環境のなかでなら身をまかせられる安心感や信頼感をもちえていることの反映と見ることができよう。クライエント（女性）は，この作品のイメージをスレイベルの音で表現した。楽器を握っている手を

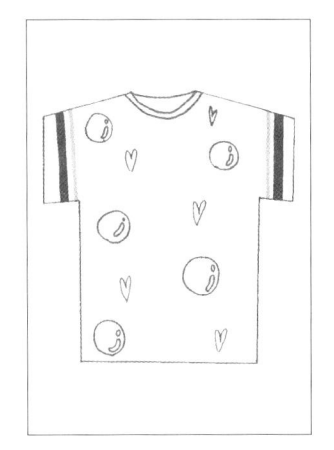

図 4-2

上下に動かしながら，そして音の強弱をつけながら，10秒余りのあいだ音を出し続けた。

　事例3（図4-3）：本作品を描いたクライエント（男性）は，「星と線を最初に描くと音楽のようになってきたので，次に音符を描いた。紫の円と黄土色の楕円は宇宙をあらわしている」と説明した。その他の模様や最後に描かれた数字についての言及はなかったが，多くの要素が思いつくまま付加された描画で

図 4-3

ありながら，全体としてすべての要素が有機的につながっている印象を受ける。クライエントの連想がまさに連鎖してひとつの世界をつくり出したようである。そのプロセスは後述する「夢見」に相応すると考えられる。空間バランスの整った完成作品は，鑑賞に十分値するポップアートのようになった。すなわちこの作品を眺める側の人びとは，各人の心のなかでさらに連想をつないでいくことができるのだ。実際，その場に居合わせたクライエント仲間の一人は，左隅の楕円形はギロ（ラテン音楽で使われる民族楽器）に似ていると発言した。続く即興演奏では，クライエントは電子キーボードを選んで，時おり不協和音を交えた和音をつなぎながら，自身の作品を包み込むかのように広がりのある音空間をつくり上げた。

2．「私のソナタ」の事例

事例4（図4-4）：本作品を描いたクライエント（女性）は，「芽が出てから，天気が悪くなって，芽が伸びていく」と説明した。地中に球根が描かれている三つ目の絵については語られなかったが，植物がしっかりと根づいて成長を遂げたことを宣言するかのように，クライエントは「成長」という言葉を，「私のソナタ」の"副題"として自発的に付記した。この一連の描画は，ごく自然な生命力を有していた過去，風雨にさらされている現在，そして期待する未来の自己が投影されているのだろう。最初の二つの絵に対しては，徐々に音量を上げたボンゴで成長の過程が表現され，三つ目の絵に至るところでは，成長のゴールをあらわすかのように，バイブロスラップ（バネを叩いたような音のする打楽器）でひとつの音が力強く鳴らされた。

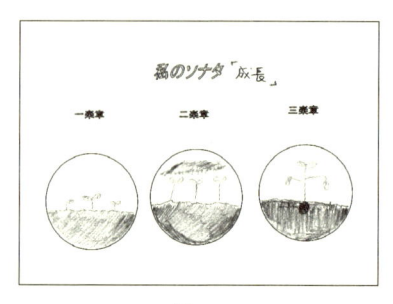

図 4-4

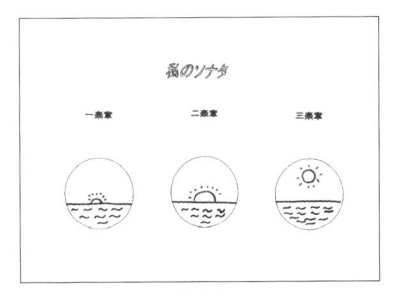

図 4-5

事例 5（図 4-5）：太陽が水平線から徐々にのぼっていく様子が描かれている。表現自体はやや退行的な趣きではあるが，未来を前向きに捉えようとする意欲がうかがわれるとともに，水平線から離れていく太陽に，自立しつつある自己を投影しているように感じられる。クライエント（女性）は，膝に抱えられる大きさのドラムを小さな音量でゆっくりと叩き始め，三場面を連結する見通しをもって徐々に音量を大きくし，叩く速度も速め，ダイナミクスが見事に変化するひとまとまりのリズム音楽をつくった。

事例 6（図 4-6）：本作品における三つの顔は，たとえばしかめ面から徐々に笑いへと向かうというような変化の方向性が見られず，感情の種類が特定しにくい比較的平板な表情が並置されている。このクライエント（女性）は，小さなボンゴを選んでそれぞれの表情にふさわしい叩き方を試し始めた。一つ目と二つ目の顔の違いを音にあらわすことにかなり戸惑っていたが，三つ目の顔を音にあらわす段になって，「演奏しているうちに笑えてきた，まあいいかという気持ちになってきた」と言いながら，ボンゴからトライアングルにもち替え，

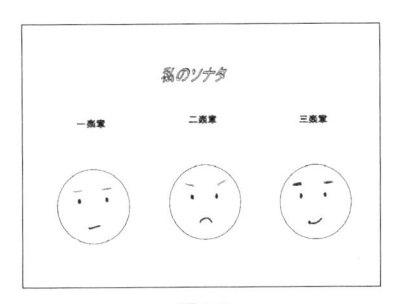

図 4-6

明るい音を数回響かせて演奏を終えた。クライエントは，三つの絵を順に音に移し変える過程で，その困難さに直面する自分を笑うという行為に転じ，「いま，ここで」の困惑と日常全般のなかで抱えている不安とを綯い交ぜにするかのように，「まあいいか」という言葉でしめくくった。この言葉は，慣習的な情緒表現とは正反対に，身体弛緩を伴うパーソナルな性格を帯びながら，クライエント自身の内面から自然にわき上がってきたものだった。

3．病理的な事例

ここで，一連の作業がクライエントに戸惑いや混乱を喚起したと思われるいくつかの作品についても検討しておきたい。

Ｔシャツのデザインでは，ある男性クライエントの作品に統合失調症特有の言語新作の様相を帯びた意味不明の文字の組み合わせがあらわれ，また，描画作業の困惑が影響して，即興演奏の試みには達しなかった。言語新作は，視覚イメージとしての文字のあらわれであるところのイデオグラムとは性質を異にする。同じ場に居合わせたある女性クライエントの作品と対照させるとつぎのようになる。彼女は枠の中央に書いた「大漁」の文字の周りに，小さな魚やタコなどをバランスよく配置して描いた。その作品を音楽であらわす前には，「お父さんは釣りが好きだから」と自発的に発言し，家族に思いを馳せる気持ちを示した。「大漁」の文字は，彼女の家族生活の象徴として機能し，さらに，視覚作品を鑑賞する他者の内奥に新たなイメージを喚起させた。象徴性をもつイデオグラムは，他者のなかでその意味を結ぶ。一方，言語新作的表現は「ひとつのシニフィアンによってのみ主体が規定される無媒介的な結合」（加藤1995，p.142）であり，他の事象と連関を失って判じ絵的な印象となる。

また別の男性クライエントの例において，最初に描かれた構図は，漢字の「木」または「本」のようであったが，彼自身は文字を書いたことを認識していない。次いで付け加えられた二つの円と一つの舟型がそれぞれ目と口になって，顔を描いたようにも見える。しかし全体としては，各要素が互いに連関を欠いたまま平面に並置されている印象であった。続く即興演奏ではメタロフォン（鉄琴）が選ばれたが，クライエントは並んだ音盤の左から右へ，つぎに右から左へと腕を一往復させながらいくつかの音を勢いに任せて叩くのみで，まと

まりのあるリズムやメロディが探索されることはなかった。

「私のソナタ」では，ある男性クライエントの例において，二つの円に異なる表情の顔が描かれたが，第三の円は，その空間を無いものにされるかのように赤色で荒々しく塗りつぶされた。三つの円が認識されているにもかかわらず，事実上二つの円で描画作業が終結してしまう例は少なくない。別の例では，最初の円には金魚が泳ぎ，二つ目の円ではその金魚をネコが食べ，最後の円には金魚の代わりにカメが泳いでいる情景が描かれた。いずれの描画においても，クライエントたちは第三の円にまでイメージを到達させることができず，三つ目の円のなかには言いようのない不安や遠い過去の記憶の断片が無理やり投げ込まれたと考えられる。またこれらの例は，演奏する試みまでには至らなかったことも共通している。このような描画反応に対しては，先述の通り，枠づけ法を導入することへの危険性について中井（1970）が言及していることと関連づけて検討する必要があるだろう。

4節　芸術と夢見

1．Bion の夢見

芸術的媒体による表現は感情や思考の単なる翻訳ではない。Langer（1942, 1957）は，音楽は自己表現ではなく，感情，気分，精神的緊張と解決の定式化と抽出であると論じる。また Bollas（1999）は，「絵を描くことや作曲するという思考の秩序は，内的対象を，内的世界の深い孤独から別の外的現実へと変質させる変形の構造である（邦訳 p. 232)」と述べる。つまり，描画にせよ音楽にせよ，芸術によって何かが表現されるためには，そのプロセスにおいて人間の内的状態が統合されていかなければならないのである。

ここで，われわれの芸術的営みを Bion の夢見の概念と照応することにより，「作品」として表現されるまでのプロセスのなかで生起している内的事象を検討したい。

Bion（1962）は，正常な夢には内的な統合を促す機能がある一方，病者は通常の意味で夢を見ることができず，幻覚に近い世界を経験するだけであると考える。通常の夢においては，夢のなかで情動経験が「消化」される。すなわち

それは，記憶として貯えられるもの，あるいは想起，連想，思考に用いられるものとして，「アルファ要素化」されるのである。一方，病者の夢には情動の消化能力がなく，情動は未消化のまま排泄されたり，言いようのない不安や恐怖を伴って病者を圧倒する。それらはBionによって「ベータ要素」と名づけられているものである。さらにBionの理論によると，母親は乳児の耐えがたい情動経験を自ら内に受けとり，それらを記憶として保持されるもの，あるいは思考として使用可能なものに変容させ，それらを乳児に返すこころの機能をもっている。Bionは，乳児を包み込む母親の行為を「包容機能 containment」，その心的変容能力を「夢想 reverie」と称する。

2．包容機能による夢見への働きかけ

　われわれの活動は，病者にどのように「夢を見ること」を促し，包容機能を果たしていると考えられるだろうか。

　事例1と事例2では，かき氷やしゃぼん玉に自己が投影されているとすれば，このクライエントにとっては，目の前に差し出されている枠づけと安全な心的環境が重なり合うことにより，枠そのものがまさに包容機能をもつ器となっていると言えよう。事例3では，付加されていく諸要素が枠のなかで互いに連鎖し，ひとつの「音の世界」が描かれた。連想はこの作品を鑑賞する側にも及び，共感を呼ぶ作品となった。枠の器に入れられたクライエントのさまざまな情緒状態が，セラピストや他のクライエントたちの眼差しのなかで夢想され，アルファ要素化されたと言えるだろう。それに対して，ひとつひとつの要素が互いに連関を欠いている印象を受ける事例は，各要素がベータ要素に留まっているみなすことができよう。それらは，Symington & Symington（1996）がベータ要素の排出行為について，「イメージをかきたてない単調な素材のたれ流し（邦訳 p. 86）」と描写しているものと近似である。描画に続く無統制な楽器演奏もまた，筋肉組織を使った心的緊張の排出行為と解釈できる。

　事例4以下については，「通常の夢は論理をもっている。すなわち物語化されている（Bion 1992, p. 135）」という，夢に関するBionのさらなる言及をもとに考察したい。

　「私のソナタ」の枠づけは，それ自体に物語性を包含している。「行きつ戻り

つ」の体験のなかで育まれる場面のひとつひとつが前進という方向性をもってつながり，帰結を伴った物語の構造を成すことが暗示されているのである。続く音楽は，その方向性を確認するために生まれるものとなる。

　植物の成長，太陽の動き，顔の表情の三様態の事例はいずれも，物語としての展開構造を明確に有している。植物と太陽に関してはおそらく，即興演奏を念頭に置いた上で創作されたものであろう。音楽を盛り上げていく方策をあらかじめ計画した上で，成長や上昇を果たす事象を描く。そのようにして描画と音楽は各々の特性を融合させながら，クライエントにとっての自己の成長の物語として十分な表現となっていく。また三つの表情の例は，物語の帰結がクライエント自身の言語によって「語り」となった。

　Bruner (1990) は，人間は元来，経験を物語の形式やプロット構造などへと体制化する傾性が備わっており，その傾性は「人間の魂に秘められた芸術（邦訳 p.65)」であると論じている。しかしこの傾性は，さまざまな素材，または素材となるべき要素が，すでにアルファ要素として連鎖可能な状態にあるときにのみ作動するものであろう。実際，二項で閉じてしまう事例は，第三の円において未到達領域への連想を果たすことができず，物語の形成をほのめかす段階までには至らなかった。

　こうした病理的な描画の傾向を示すクライエントは，「夢を見る」ということが十分に果たされていないと言える。包容機能をもつ器のなかで夢見のできる体験が，おそらく幼少期から希薄であろうために，描画作業という「遊び」においても，こころのなかの異物を排出するような表現になると思われる。このようなクライエントに対しては，まさに Winnicott (1971) の概念としての「遊ぶこと」へといざない，「可能性空間」のなかで交流する体験を十分に提供する必要があるだろう。遊ぶことと描画や音楽をすることの言語上の一致「プレイイング playing」は，臨床の場において具現化する。

　たとえば，クライエントとセラピストの相互作用による即興演奏は，互いのテンポやリズムに調和と適度な逸脱を交えながら発展させることができる。そこでは音が両者のうちのどちらからあらわれ，誰に属していくかということを問われる必要はない。クライエントは，このような音空間のなかで内的世界と現実世界を行き来しながら，夢見心地とはどのようなものかを体感する。「遊

ぶこと」の少なくとも初期段階においては，作品として目に見えて残る視覚芸術を媒体とするよりも，跡形を残さず消え去っていく音を活用するほうが非脅威的であると考えられる。また音楽をつくることは，前進性を内包するリズムや和声構造に導かれて，漠然とながらも未到達領域への連想を容易にする。

3．総　　括

　Boulez (1989) が端的に，「音楽における時間の概念は一方通行的であり，絵画における空間は多指向的である（邦訳 p.78，傍点訳書どおり）」と述べるところの，二つの異なる芸術的営みを統合することの臨床的意義をまとめると，つぎのようになるだろう。

　セラピストの「存在」とセラピストが提示する「枠」という二重の器のなかで，クライエントの情緒状態は包容される。「行きつ戻りつ描かれる」描画は，「行きつ戻りつ眺められる」ことによって夢想され，さまざまな情緒はアルファ要素化される。それらの情緒状態はさらに，音楽を生み出す行為を通して形や強度を整えられ，他者の共感を得るようになる。

　もっとも，知的なクライエントは，このような活動はお絵かきや太鼓たたきといったお遊びにすぎないとして拒否的になることもあろう。しかし，こうした体験を重ねるなかで漠然としたこころの状態の統合が進み，形が与えられ始め，Bollas (1999) が「自分から出現したものであるのに，自分が作り出したものとは見えないで，むしろ他者の形態に導かれたものと思える（邦訳 p.231）」と言及するような状況が生まれると，彼らも，このような非言語体によってこそ真に語りたいことをあらわすことができるのだと了解するであろう。

　描画や音楽を通して自己を語り，他者と語らう。これは決して比喩的な言い方ではなく，真に語りたいこと，伝えたいことは言語世界の外にあらわれると考えてよいのではないだろうか。われわれは治療空間において，クライエントたちの傍らにさまざまな芸術媒体を控えめに差し出す。そして，彼らとともに夢見の時間を漂いつつ彼らの表現形式を整え，彼らが自分たちのなかにあるとは知らなかった感情や思考が外にあらわれ出るのを支える。つまりわれわれは，彼らが紡ぎ出す言語的，非言語的ストーリーの共同制作者となるのである。

5章

ミュージックセラピィと「病いの語り」

● 道しるべ

　ミュージックセラピィにおける即興演奏には，精神的な病いをもつ人びとの生きにくさの様相があらわれる。即興演奏は，セラピストという他者を前にした，クライエントによる「病いの語り」と言えよう。われわれは，言葉なき方法で語られる表現のなかに，病者の内的世界を理解する契機を見出していかねばならない。われわれは病いの語りを聴き，音楽的に対話しながら語らいを促進する。さらにクライエントの語り直しを物語（ストーリー）へと発展させる。しかし，言語の代替手段として音が使われているというだけで，「語り」や「音楽的対話」などと称することはできるのだろうか。セラピストとクライエント，あるいはクライエント同士の即興的な音のやりとりを音楽的対話と呼ぶには，やりとりされる音にどのような性質が備わっている必要があるだろうか。けだし，音楽的対話として成立したとしても，それはクライエントに何をどのように方向づけていくのだろうか。とくに発達学的には言語能力に問題がない精神病圏の病者にとって，音楽を介した対話は言語による対話ほどの価値がはたしてあるのだろうか。

　本章では，臨床における即興演奏を「語り」の発展という観点から吟味し，「文化」という土壌を視野に入れながら，ミュージックセラピィの治療的特性について問い直してみたい。

1節　病いの語り

1．語りの萌芽

　音楽によって自己の感情を語ることについての萌芽はわれわれの内部にすでに存在している。音楽心理学的研究から，われわれは幼年期の段階でも，自己の感情を音楽的な発声の高低や速度に反映させることが知られている。たとえば梅本と岩吹（1990）は，幼児を対象に，楽しいできごとをあらわす文と悲し

いできごとをあらわす文に対して，それぞれ思いついたメロディをつけて即興でうたう課題を提示し，彼らの歌唱傾向を調査した。その結果，幼児の一般的な反応として，前者の文に対しては高い音域の，ハリのある声で自由にふしをつけてうたう一方，後者に対しては低い音域，および狭い音程の範囲でゆっくりとうたうという結論を導き出している。人間の情緒の動きと音楽の流れの変化とは，発達の早期から身体感覚を伴いながら合流していると考えられる。

またわれわれはみな，自己の情緒状態を言葉で表現することに対して少なからず苦闘する。とりわけ強烈な情緒状態については，一貫性を欠いた言葉の断片によってしか表現できないことが多い。しかしそれほど強い感情でなくとも，適切な言葉を探し当てることが困難な場合が少なくない。そのときには，たとえば，胸がざわざわする，どこかに吸い込まれていきそうだというような，あまり洗練されていない，しかしながら確かな身体感覚を伴った表現を工夫し始める。カテゴリー化された言葉を使ってはあらわしえないこのような感情状態を，Stern (1985) は「生気情動」と称している。われわれは自己の身体感覚に正直に寄り添いつつ，同時に相手の身体にも同じ感覚を喚起することにより，感情の共有を達成する。

音や音楽は，このような生気情動をあらわす際に，言葉にとって代わるものとして有用である。音や音楽は言葉の代用手段として唐突に外から与えられるものではなく，身体表現の延長上にある。楽器は身体の延長となり，その楽器から発せられる音は，言葉の網目からこぼれ落ちるような繊細な感情までをも含みながら，交流の回路を開く可能性をもつ。

坂部 (1989) は，われわれが日常的に用いる分節化され意味をもつ言葉が「文化のことば」であるのに対し，楽器の類を「文化の身体」と称して，言葉と楽器を文化の基盤の上に位置づけている。坂部はまた，人間の泣き声や声ぶりは「自然のことば」，人間の身体は「自然の身体」であるとして，集団的継承を通じて形成される文化について論じている。坂部の論については後にあらためて参照する。

2．音による病いの語りの様相

Kleinmann (1988) は，臨床人類学の見地から病いの語りについて深い考察

1節　病いの語り　　75

を行なっている。病いの語りについての Kleinmann の基本的な見解は，人は病いを自分自身や他人に語ることで症状の意味を理解し，何か首尾一貫したものを引き出そうと努める，というものである。また，病いの語りには表現形式があるとして，その表現形式について，語り方，パターン，スタイルを挙げている。

　ここで，精神病圏にあるクライエントの音楽的反応に目を向けてみたい。ミュージックセラピィの場で彼らが楽器に接触し始める段階の共通した反応として，単調なリズムパターンの反復，既存のメロディの探索，音の連なりにおける構造がほとんど見られない演奏，の三様態があることについては，すでに1章で論じた。いま，それぞれの様態について簡単に振り返ってみたい。

　彼らが奏するリズムパターンは，時には彼ら自身の周囲に音の壁をつくるかのように延々と強迫的にくり返される。メロディ探索については，なじみのあるふしを断片的に思い出して，それを何とか楽器で弾きこなそうと努力するが，クライエント自身にとって満足な結果が得られることは少ない。これら二つの特徴は，われわれが日々聞き親しんでいる音楽，すなわち文化的所与としての音楽に支えられた反応ということができる。クライエントたちは，幼少期からとくに西洋音楽に受身的に晒され，青年期ごろから積極的にあらわれる個人的嗜好にも西洋音楽に対する好みが反映されている。したがって，音楽には骨組みとして一定の拍子やリズムパターンが存在し，特定の調性に基づいた旋律線があり，さらにそれらは和声や楽曲様式によって型どられているという全体構造を意識的，無意識的に把握している。

　単調なリズムパターンの反復やなじみのメロディの一断片をなぞる行為は，音を通して彼らが何かを語ろうとするとき，音楽を構成している上述の諸要素の特定の部分が極端な形で露出してきたものである。彼らの反応は，音楽の構造や形式の手を借りて何かを伝えるための一種の努力の結果と言えよう。ここで，単調にくり返されるリズムは，通常ならばたとえばロックのリズムと呼ばれるところの，社会性を獲得しているリズムパターンであったりする。健康的な使用であれば他者と共有されるはずのリズムパターンが，強迫的に，しかも他の音楽的要素との関連を断ち，何の発展可能性も暗示されずにくり返されるとき，われわれはそれを病いの語りのひとつの表現形式と見ることになる。音

楽の場において，他者と共有可能な何か首尾一貫したものを引き出そうとする努力が，反復や再生の特性が突出した音楽表現に収束していくのである。こうした現象はまた，ひとつの言葉が内包から外延へと向かう，いわば言語体系の病的な推移との類似と言えよう。

一方，構造のない，あるいは構造の不確かな音の連なりについて言えば，クライエントは，楽器との接触そのものが消極的で，きわめて散逸的にしか音を生み出そうとしないか，その反対に，統制機能を欠いたような手の動かし方によっておびただしい数の音を無秩序に生成するかのいずれかとなる。この様態は，クライエントが外界の構造に自己を組み込んでいくことからのがれている状態である。音楽的なゲシュタルトを構成しないことによって，ゲシュタルト同士が引きつけられ合い，関連をもち始めることを避けている。クライエントは，ひとつの音楽モチーフとしてのゲシュタルトが新たな音楽的文脈を創造し，ひいては新たな思考や意味が生まれることに不安をもつのである。時間構造や現実見当能力をもつことからのこうした回避は，文化に参入することへのためらいと考えられよう。

以上を総括すると，ひとつの文化に備わっている音楽構造は，クライエントが自己の不安定な精神状態に自ら対処するための支え棒の役割を果たしている。しかし同時に，彼らは見えない敵としての文化からの圧力に覆いかぶされていることも推し測れる。つまり文化は，われわれが互いの感情や思考を共有する基盤を成していると同時に，われわれの思考に圧力をかけ，行為を束縛すると考えられるのである。

3．文化と「病いの語り」

ここでふたたび Kleinmann に戻ろう。Kleinmann は，病いの物語（ストーリー）は，文化的表象，集合的経験，個人的経験という三つの要素に囲まれた空間のうちにできると述べている。それぞれについて Kleinmann の言葉を借りると，文化的表象とは，特定の時代や場所における，人びとがもつ病気のイメージや意味のことである。集合的経験は，ひとつの地域に共有される行動のスタイルやパターンのことを指す。集合的経験はまた，ローカルな世界において社会化を果たすことができるための社会心理的過程であり，人は異なる社会環

境に一歩入り込むことによって，別のローカルな世界の集合的経験に気づく。そしてこの集合的経験と文化的表象との相互作用によって，病いに対する個人的経験が形づくられる。したがって，病いの物語は，これらの三辺で囲まれた空間をもつものとして三点測量される必要がある。以上がKleinmannの考えである。

　病いにある人びとの生きにくさは，病いの個人的経験が社会や文化に受け入れられないという理由からだけでなく，個人が文化事象や集合的経験からのがれえないことからも生じる。病いは，その圧迫感への対処の仕方によってさまざまな様相を見せるのであろう。

　次節では，われわれの生活を安定的に位置づけているはずの文化が，あるときには圧力となってわれわれの生活を脅かすものとなり，精神的な病いを顕在化させる過程について，文化や集団についてのFreudの見解を参照しつつ明らかにしたい。

2節　Freud から見る，音楽の語り

1．Freud による文化の定義，および，昇華と空想

　Freud は文化について，「われわれの生活が動物的な先祖の生活と異なるのは，自然から人間を守り，人間相互の関係を律するという二つの目的に資するある種の活動や制度のおかげであり，「文化」という言葉はそういった活動や制度の総体を指す（1930，邦訳 p. 97）」と述べている。また文化過程を，「個々の人間たちをリビードによって互いに結びついた共同体へ統合するという，エロースが提起し，現実の困窮たるアナンケーによって督促される課題に影響されて生命過程が被る変容のこと（1930，邦訳 p. 155）」と説明している。

　集団を前提とする日々の生活のなかで，われわれはつねに新たな対人関係をとり結ぶことを余儀なくされる。そして，Freud（1921）の表現としての「情愛」による結びつきを成功させるために，エネルギーの向け先を試行する。われわれが時として見せる音楽への傾倒は，このリビード配分のひとつの試みと考えることができるだろう。われわれは，昇華や空想による満足という方法をしばしば選択する。それらはリビードが快原理のプログラムを実行する目標を

ずらされることによって生じるものである。Freud自身が述べているように，昇華という心理的，知的作業を遂行するには，特殊な素質と才能が必要であり，この方法はごく限られた者にしか利用することはできない。一方，空想による満足の極みは芸術作品の享受であり，「自ら創作をたしなまぬ者も，芸術家を介してこの楽しみにあずかることが許される（1930, 邦訳 p.87）」。昇華も空想による満足も，一次的欲求を充分に満たすことができず，苦痛から完全にのがれることはできない。しかしわれわれは，欲動のうごきに働きかけることによって，内的事実のなかに満足を求め，個人的幸福を求めるとともに，集団または社会に加入しようという努力をしていることには違いない。

　音楽は，受身的に容易に享受できる芸術領域である。われわれはそこでは空想による満足を手軽に手に入れることができる。しかしその分，この領域では，刻々と変化する様式の傾向や刹那的な流行に追随するのをやめることが難しくなる。他者と同じ音楽世界に身を置かないことや時流に乗り遅れることは，時として他者や社会に見放される不安にすり替わる。その結果，周囲の状況に迎合するよう脅かされる感覚が生じる。

　文化からの目に見えないこの圧力は，とくに精神の病いをもつ人びとを容赦なく襲う。音や音楽を媒体として他者との交流の仕方を再学習する治療空間は，新たな社会関係をとり結ぶ練習を強いられる場である。そこにもまた，人間の集団は情愛の力によって結びつけられなければならないという圧力があり，上述のような脅かしとなって立ちあらわれる。人間関係をとり結ぼうとする彼らの努力が大きいほど，彼らはますます孤立の方向へと押しやられる。

　以上のような文化の圧力は，前節で概観したクライエントの特徴的な音楽的反応とどのような関連をもつのだろうか。以下では，先述の演奏の三様態にそれぞれ包含されているところの，強迫感，脅迫性，ためらい，という点から考察していくことにする。

2．精神内界における強迫感

　リズムパターンの反復は，新奇なものに対する不安を喚起しないよう，注意を狭隘化している反映と見ることができる。ここではさらに，こうした自閉的な演奏様態に含まれる強迫性に焦点を当て，知的判断がほとんど制止されたこ

の強迫性が維持されるプロセスを明らかにしたい。

　上に見るように，彼らにはまず，他人と同じ音楽世界に留まること，あるいは変容する音楽様式にそつなく追随できることが，人から愛される条件であるという強迫観念がある。それは，音楽に満足を求めることの対価である。想像的な他者の愛を失わないためのしがみつきの結果として，彼らは文化的慣習のなかのもっともシンプルなリズムへの固執に至る。

　もうひとつの文化の圧力が「秩序」とともに到来する。われわれはみな，社会の秩序に従うことによって円滑な生活を営む。それはやはり，他者の愛を失わない，すなわち文化から見放されたくないための方策である。ここにも強迫感の素がある。Freud（1930）は，秩序はそれ自体が一種の強迫的な反復行動であり，エネルギーの無駄遣いを防ぐものであると述べている。音楽をつくる場において，秩序への従順を保ち，形式的な表現に収まることは，他者の愛を失わないための保障となる。このようにクライエントの精神内界では，クライエント個人の超自我からの命令と文化の超自我からの命令が重なる。

　秩序のみが強調された音楽が進む方向は，拍打ち，数かぞえなど，無機的な性格への収束である。これは，Minkowski（1933）による，「病的合理主義」あるいは「病的幾何学主義」に通じるものであろう。

3．セラピストからの脅迫とセラピストへの同一視

　病者が既習の知識に執着することは，文化的生活に適応可能な自己の統合的部分を顕示する方策と考えられる。つまり，聞き覚えのある旋律線の探索は，現実世界との接触を維持すること，あるいは健康な文化的生活に停留することへの病者の希求と読みとることができよう。しかし一方では，彼らは偶然にゲシュタルトが産出されることを恐れるあまり，なじみの音楽に固執することで仮の安定を保持しているとも考えられる。すなわち，産出したゲシュタルトがつぎつぎに結びついて新たな気づきが発生することへの不安から，音を「自閉対象」（Tustin, 1980）として利用するのである。

　しかし何よりも，過去に聞いて記憶しているメロディを再生しようとするこのような努力には，「脅かされている＝弾かされている」という感じがつきまとっている。自分が再現しようとしている音楽は，眼前に存在する音楽家とし

てのセラピストからの圧力にすり替わっているようである。そこには欲望を向けている者への同一視が起こる。そして優位に立つ他者を内にとり込むことによって情愛的結合を果たそうとする。情愛的結合は文化の超自我からの命令である。メロディを首尾よく弾くことは，クライエント個人の超自我からの命令である。ここにも文化の超自我からの命令と個人の超自我からの命令が重なる。ここではさらに，他者の欲望を満足させられないことに対する罪責感を募らせることになる。文化のなかで感じる居心地の悪さは罪責感によるものであるというFreud（1930）の見解は，ここにおいて小規模に，しかし確実に具現化されている。

4．ためらいのなかの「かなしみ」

ゲシュタルトを形成する気配がなく，形式から完全に退いている音楽的反応はわれわれに何を示そうとしているのだろうか。音を出すことへの躊躇は，まさに文化へ参入するためらいである。このためらいには一種のかなしみさえ感じられる。坂部は，「かなし」という言葉を，「自分の力ではとても及ばないと感じる切なさをいう語（1989, p.92）」と説明するとともに，この語には，単に受動的な悲哀の感情だけでなく，他者に向かって自己を超えていこうとする能動的志向性を含んでいると述べる。われわれは，独特のためらいを背景にした病者たちの演奏のなかにある外界への志向性を読みとることによって，文化の圧力に対処する術をクライエントとともに見出さねばならない。彼らは文化に背を向けながらも，自分の鏡姿の後ろに映る文化をたえず気にかけている。

3節　治療的介入と語りの変遷

1．語りと語らい

語りは，言葉をとり集めることによって生成される即興的な事象である。坂部（1989）は，言葉と語りをつぎのように説明する。構成されたノエマ的位相をもつ〈ことば〉と対照的に，〈かたり〉は「かたる」という動詞をもつことから了解できるように言語行為であり，それはノエシス的位相をもつ（〈　〉記号は坂部による，以下の〈　〉も同じ）。さらに坂部は，〈かたらい〉という表

現のなかに一種の共犯関係を見出している。これらのことから，われわれがクライエントの音楽的表現に介入することは，音楽的な語りに語らいとしての共犯関係を生起させ，文化という目に見えない圧力に対処することと言い換えることができよう。われわれは，文化の力を弛緩させる，あるいは，われわれ自身が文化過程から逸脱するという共犯目標を掲げて，病いの「かたり直し」を行なうのである。

2．秩序から遊びへ

　音楽つくりの場における数かぞえなどの無機的な反応への帰着は，文化から逸脱しないために秩序を遵守しようとする努力の，非生産的な結末である。病いの表現形式としての無機的な性質は，情緒の世界の脇をすり抜けて運動形式のみを残す。運動形式がさらに単純化し，再生産と脱発展性の反復とならないようにする術はあるだろうか。ひとつ考えうることは，病いの表現形式から予測性を希薄化することである。

　Meyer（1956）によると，われわれが音楽を聴いて感動するときや，音楽に込められた意味を考えるとき，その音楽には「予測とその裏切り」の波が何度も押し寄せているという。予測という単極に偏った音楽からは，われわれは何をも見出せない。反対に，われわれが予測の囲み，すなわち秩序から適度に逸脱することは，感動や意味が付与された音楽に接近することとなる。したがってセラピィの場面で，たとえばリズムの変奏や休符の挿入といった「リズム崩し」による介入は，気づきや語りをもたらす働きかけとして有用である。別の例としては，計測時間的な拍子や慣習的なリズムの構造から自由になり，カンバスに自由奔放に線を描くような，身体運動を伴った音楽をつくることの提案がある。旋律の側面について言えば，旋律の流れや一定のまとまりが予想できない無調的な音楽をつくる試みをすることが考えられよう。無調による即興演奏は，病いの表現形式として凝固してしまった「音楽的ラング」の羅列を解体し，それらを新たな布置を形成する要素へと変容させるための試作作業となる。このような即興演奏はまた，語りのためにとり集められる音楽的語彙を発見，または再発見する過程ともなる。これまでは新たな意味を生み出さなかったリズムやメロディの羅列も，ここにおいて思考を点火するものへと変容する。無

調の即興演奏はさらに，坂部が言うところの「自然の身体」と「文化の身体」が共謀して文化の圧力を弛緩させることへと導く。

　予測性をのがれるということは，文化的慣習の歴史性から離れて現在からの語りを行なうことでもある。すなわち「いま，ここで」つくり出しているリズムやメロディの展開可能性を遊ぶのである。そこでは語る自己と語られる自己が問われることのない世界が生まれる。語りは語らいへと容易に移行し，音楽は自閉対象から移行対象となる。予測性の希薄化は，目の前の他者や現在の状況に対処することをわれわれに促すとともに，「可能性空間」(Winnicott, 1971)の形成にも寄与するのである。

3．〈まねび〉から遊びへ

　さらなる臨床的特徴であるところの，構造のない音楽の生成に対しては，どのような介入が文化への対応として有効となるだろうか。先に見たように，ゲシュタルトの形成を退けるような音楽的行為は，文化への参入を回避することによって文化の圧力からのがれる方策である。しかし，彼らの演奏に潜んでいる「かなしみ」には，他者や社会に向かおうとする志向性が孕まれているのであった。ここで，セラピストと相互作用的な演奏を行なうにおいて，クライエントが模倣再現の機会を与えられれば，文化の力を弛緩させることができると考えられる。

　模倣再現は，他者の特徴を部分的に同一視することによって，自己の内側に存在する他者の生を生きるということである。自己のなかにある非人称的な無意識的表象は，外部の他者の像と結ばれて人称化されていく。それはやがて，自分のなかの揺るぎない他者性となって，他者との交流が重層化する。ここに遊びの契機が生まれ，「可能性空間」が育まれる。「模倣再現のわざとしての人間の〈ふるまい〉が，本質的に〈あそび〉の契機を含んでいる (1989, p.40)」とする坂部の見解はここにおいて肯定される。

　模倣再現の積み重ねは，気づきや思考を経て，ものごとを推論することへと導く。つまり，行為や事象についての新たな関係づけの発見と，その関係づけから発展する内包力の増大が期待される。たとえば，模倣によってリズムそのものが対象化してしまうのではなく，ひとつのリズムは多様な意味を帯びて他

の音楽的要素と結びつき，応用性を高めていく。このことは，言語体系の正常なパターンが外延から内包へと向かうことの類似である。

ひとつの事象や行為について多くの推論がなされる結果，模倣再現から発展する遊びは，学びという長い時間のなかで幾重にも重なり合いながら集団において継承され，普遍性を帯びつつ文化へと回帰する。それは坂部の表現を借りれば，〈まねび〉から〈まなび〉へ，そしてさらに〈ならい〉へと続く一連の過程である。

4節　病いの語りの終着点

1．語りの様相と文化的体験

音による病いの語りが発展する様相をまとめてみよう。病者の即興演奏にはある特定の特徴が見られる。それらには，強迫感や脅迫性，そしてためらいが伴っている。この状況においてセラピストがクライエントに関与する目的は，彼らの病いの表現形式が硬直化しないように，または，形式がさらに純化して無機的な反応に陥らないよう方向づけることである。クライエントは，セラピストとの共犯関係において秩序からの逸脱を遂行する。あるいはクライエントは，セラピストの音楽的表現をセラピストの人格の一部分として同一視し，模倣再現と遊びの世界へと進む。これらの行為は，文化からの圧力を減じ，「可能性空間」を育む。秩序からのがれた音楽的ラングや模倣表現はやがて関係づけられ，新たな布置を獲得し，学びという行為を通してふたたび現実の世界に還る。最終的に，〈まなび〉は〈ならい〉となって文化のなかに定置する。音楽によって語る体験が文化に帰着する一連の過程は，「私は文化的体験が遊びと，いまだゲームを承知していない者の遊びと直接に連続している，と仮定する（Winnicott 1971，邦訳 p.142）」という，遊びに関する Winnicott の見解にまさに相通じる。

一方，言語による病いの語りの様相は以下のようにまとめられるだろう。一般に，クライエントがセラピストと関係をとることができるまでは，彼らは，セラピストを平板なスクリーンと見立てて自己を語り始める。自己の語りのなかに何らかの一貫性を見出そうと模索し，多くの言葉を並べ立てる，あるいは

反対に，ふさわしい語彙を見つけ出すことができず，容易に沈黙に陥る。それは，彼らが属する言語文化が彼らの個人的経験に与える影響であり圧力である。セラピストはクライエントの語りを〈かたらい〉に引き込み，文化からの逸脱を試みることによってそれらの圧力を減じる。それはいわば，公式言語の世界からその手前の前言語的な世界を垣間見つつ，「情動調律」(Stern 1985)や「共同注視 joint attention」(Moore & Dunham 1995；別府 1998)の優勢なコミュニケーションを試みることであるとも言えよう。言語を獲得する前の子どもが，情動調律や共同注視を通してコミュニケーションの機能や意図を正しくとらえる機会が多ければ多いほど，のちの言語発達が促進されるのと同様に，われわれも，アモルファスな言語の世界をあらためて充実させることに意味を見出すのである。ここにおいて，語らいもまた，一種の中間領域に入って「遊ぶこと」となりうる。語りや語らいはやがて関係づけられて，物語へと収束する。物語とは，語りや語らいを一定の展開の形をもって構造化されるものであるが，それらには現実見当の完成とは逆のベクトルがはたらく。つまり非人称の物語となって，文化の深層に根づくのである。

　Bruner (1990) は，フォークサイコロジー folk psychology の見地から，人間は元来，経験を物語の形式やプロット構造などへと体制化する傾性が備わっており，その傾性を「人間の魂に秘められた芸術（邦訳 p.65)」と称している。Bruner はまた，物語への構造化はわれわれの個人的な経験と経験の記憶を枠づけるとも述べる。語りや語らいに載せられることのない経験は，われわれ自身の記憶から遠ざけられるだけでなく，非人称の物語として沈殿する機会からも見放される。対極から見ると，病いを語ることの終着点は文化をつくることであると言うことができる。

2．文化との和解

　文化の圧力を何らかの形で減衰あるいは弛緩させることによって，病者を「可能性空間」において遊ぶことへと導き，彼らの遊びをふたたび文化の所産として構造化し収束させる。これが言語，非言語を問わず，精神療法的なかかわりをすることの道筋である。病いの語りは，言語的なものであれ音楽的なものであれ同じ軌跡をたどりつつ，セラピストの存在のもとで文化と和解する契

機を見出す。真の文化的要請とは，われわれが文化的共有財産を築くことへの提案であると言えるだろう。病者は，文化の圧力による生きにくさを他者の存在のもとで生成される「可能性空間」において再経験し，語り直す。そして，語り手も聞き手にも拓かれていく〈ならい〉，あるいは〈ものがたり〉のなかで意味を充溢させていく。

　Kleinmann (1988) は，「生理学的過程としての病気が直接的に具体化することと，それを人間に関する現象として間接的に（それゆえ意味を付与されたものとして）経験することとのあいだにある間隙を，文化が満たす（邦訳 p.33)」と表現している。病いを語ることによって，文化という規範的な世界は，信念や希望といった個人特有の世界とつながる。文化は相互依存的な社会生活を支えながら，同時に，個人を個別化する力を有するのである。Winnicott (1971) が，文化的体験は「人類に個人の存在を超越した連続性をもたせる（邦訳 p.142)」と述べるように，われわれは，文化を自らに引き寄せる術をもてばもつほどに，自らの生の意味を深くすることができるのだろう。

『間奏曲』

ミュージックセラピィのプラクティス

　ミュージックセラピィは，クライエントがセラピストと共有する音楽体験を通して，自己の再構築をめざす営みである。その音楽体験は，精神分析における言語体験に相応する。ここで，Orange ら（1997）の，「精神分析は，テクニックではなく，アリストテレス的な意味でのプラクティスであると提唱したい」（Orange et al., 邦訳 p. 31）という言及をもとに，ミュージックセラピィのプロセスにおいてセラピストに要求される技術も，音楽のテクニックではなく，アリストテレスの思想を源流とするプラクティスであることを確認したい。

　アリストテレスは，知識の状態について，エピステーメー（学問的知識），テクネー（技術），プロネーシス（思慮）の３つに分類している。エピステーメーは，主観的価値観から離れて真理を中立的に考察する理論知であり，ここにはもっとも普遍的な哲学的問いかけがある。テクネーは，物を改造し作品を完成する芸術的技術的制作にかかわる知識，すなわち生産志向的なテクニックに関する知識である。プロネーシスは，目的の達成に向かって理知的に考え実践する，プラクティスに関する知である。プラクティスは，ある目的に対する最上の手段が何かについて熟慮し確定する理性〈実践理性 nous praktikos〉をもって，その場の状況にもっともふさわしい行為を選択するプロセスである。プロネーシスでは，テクネーとは異なり，目的達成のための手段についての知識はあらかじめ存在しない。目的を達成するまでの推論や試行錯誤においては，思慮深い，自省的な選択が積み重ねられる。したがってプラクティスは，自己の人格形成にかかわる行為である。プラクティスはまた，複数の主観性が交流することによって成り立つという点で，人と人との関係にかかわる行為である。

　プラクティスの意味をこのように捉えると，ミュージックセラピィとは，セラピストがクライエントとの出会いのなかで，テクニック（＝音楽技術）をプ

ラクティスに変換する営みであると言える。さらに言えば，セラピストはクライエントの存在なくしては，この変換を達成することはできない。テクニックは個人の学習の結果である一方，プラクティスは人間の相互作用を通してしか行ないえないからである。われわれは，クライエントの存在のもとに機能するミュージックセラピストなのであって，音楽が堪能であるがゆえに自らの音楽能力を誇示するようなミュージカルセラピストであってはならない。ミュージックセラピィが「クリニカル・プラクティス clinical practice（臨床実践）」であるかぎり，プラクティスという名を潜在的に獲得しているのであるから。

　つぎに，セラピストがプラクティスを遂行する姿勢について，ふたたびアリストテレスの思想から，「中庸（メソテース）」という概念を鍵に考えてみたい。
　アリストテレスは『ニコマコス倫理学』第2巻「〈性格の徳〉と中庸説」において，感情は世界に対するこころの構えであり，どんな感情をもっていかに行為するかについての卓越した力を「性格の徳」と称している。それはまた，生（なま）の現場で出会う他者に対して，中庸を選択して過不足なく応答する力であると説いている。さらに，中庸とは，「事柄における中間」ではなく，「われわれとの関係における中間」であるという。中庸を選択するにあたって，中間的な的を射るための一般的な規則というものはない。中庸とは，いかなる主題においても，その計測的な中間を意味するのではないということである。ひとつの与えられた場において，誰にいつ，どのような方法で，どの程度対応するのが過不足のない応答であるかの判断は，そのつどなされなければならない。アリストテレスは，「いま，ここで」という局所現場で実現されるかぎりの最終目的としての〈人間の善〉を洞察しつつ中間の的を見抜く力を，実践理性の思慮であるとしている。
　アリストテレスが「性格の徳」とした，中庸を選択する姿勢は，ミュージックセラピィを実践するセラピストに対してもそのまま差し向けられる。セラピィにおける中庸は，クライエントとのそのつどの出会い，すなわち「いま，ここで」の情緒的な状況で，セラピストがクライエントのいかなる反応にも動揺せず，プラクティスを遂行し維持するために適切な判断を下し，その判断を行為に反映させることのできる態度である。したがって，たとえば，音楽の要素

である音の高さ，強さ，長さ，あるいは音質において，物理的な中間値を拠りどころとする音楽を生み出すことではけっしてない。音響上の特徴から言えばむしろ，音の極端な高低，強弱，長短，音質やその変化が意図的に活用される場面すらある。もっとも，海老沢（1989）によると，アリストテレスは，ドリス旋法は非常に落ち着いた気持ちにさせる中庸的な旋法であるという見解をもっていたそうだが，このような言及もおそらく，特定の奏者と聴き手との相互反応から導き出されたのだろう。

　ここで，Bunt（1994）の事例を思い起こしてみたい。マイク少年とのセッションは以下のようなものである。

　　　マイクは音楽療法を始めたとき10歳。行動上の問題をともなう軽度の知的障害をもつ。学校生活のなかで破壊的，攻撃的行動が突然起こることがあるという理由で送致されてきた。（中略）マイクの唐突な大きい音に対して，わたしがさらに大きな音をピアノで弾いて支持すると，マイクは驚いた様子を見せた。わたしは即興演奏に大きな音を使い続けることに努めた。この活動をとおして2人のあいだに信頼が芽ばえてきた。（中略）マイクはやがて非常に小さな音に興味を示し始めた。そしてピアノのところにやってきては静かな音を要求した。マイクはそれを「おやすみのうた」と呼んだ。やさしい小さな音がマイクを包み込むと，彼は眠ったふりをすることがあった。（中略）わたしはマイクの積極的で創造的な音の使い方に関心をもった。マイクは極端に大きな音と小さな音を探検し終えると，徐々に中ぐらいの大きさにも関心をもつようになったのだ。マイクはさまざまな音の大きさを試していく自由を獲得したことによって，自己の問題と内面的にかかわることができるようになり，パーソナリティを統合し均衡化する方法を探り始めることになった。（邦訳 pp.75-76）

　Buntが意図的に大きな音を使用することによって，マイクは小さい音や中間的な音を自発的に探検し，そのことがやがてマイクの内省的態度を導くきっかけとなった。これは，「われわれとの関係における中間」というアリストテレス的な中庸が，セラピストとクライエントとの共同作業の内に達成され，治療的展開を促進した好例である。セラピィにおける中庸とは，クライエントが自らの世界を広げ探検することができるように，安全な空間を維持するセラピストの努力であると言えよう。セラピストはこの努力によって，Ruud（1998）が述べるところの，「柔軟なアイデンティティ flexible identity」と「首尾一貫

したアイデンティティ coherent identity」を,自らにおいて高める。

　最後に,プラクティスに関するセラピストの姿勢について確認しておきたい。セラピストは,クライエントの音楽的表現が,意味のある,そして象徴的な表現へと発展していくプロセスを急いではならない。未構成の経験という状況を大切にする Stern（1997）は,新しい意味の兆しが意識のなかに感知されていく様子をつぎのように述べている。

　　努力すれば明確になるかもしれない曖昧な新しい意味に関心を抱いている心にとっては,新しい意味のこのようなかすかな兆しは,春に庭に現れて伸びゆく蔓が,その地下で種子が発芽していることのしるしであるのに似ている。（邦訳 p. 84）

　セラピストとクライエントのあいだに起こる深い体験は,セラピストが「待つ」ことによってのみ可能になる。

　このようなミュージックセラピィのプラクティスは,即興演奏をもって実現される。臨床の場における即興演奏は,セラピストがクライエントと互いに音を重ねたり連ねたりすることによって両者のあいだに安定した音楽空間を築き,クライエントがそのなかで未構成の情緒を表出できる機会を提供する。ミュージックセラピィは,日常的に言語による意思疎通が可能なクライエントをも対象とする。したがって音楽という非言語的要素を治療に介在させなければならない理由を明確化しないかぎり,ミュージックセラピィの存在意義は承認を得がたいだろう。

　われわれは,深い感動,あるいは辛い困難などを体験するとき,その体験を慣習的な言葉や紋切り型の言い回しで伝えたのでは感情の本質部分が抜け落ちると感じることがある。そのようなときわれわれは,表情,しぐさ,擬態語など,考えうるかぎりの非言語的な手段を駆使して,他者に共感してもらうことを試みる。Stern（1997）は,「自分がすでに知っていることだけが明らかになるように言語を用いるなら,生はきわめて単純なものになる（邦訳 p. 110）」と述べる。言語の慣習的な使用は,新しい意味を生み出さないということである。即興的に生み出される音や音楽もまた,どのような表現上の慣習にもとらわれることなく,こころの内面を共有するにふさわしい媒体である。

第2部 言語構造との関連から見る音楽の生成に関する諸論

6章

芸術的営為の道程に存する治療的意義：
音楽の根源的シニフィアンを求めて

● 道しるべ

　本章は，統合失調症と診断される人びととの音楽活動の治療的意義について，言語構造との関連から考察するものである。著者はこれまでに即興演奏を中心とした音楽活動における統合失調症者の表現特性について，リズムやメロディにおける単調なパターン反復，散発的な音の産出，既成の音楽への依存という様相を見出してきた（1章参照）。それぞれについて順に一例を挙げると，打楽器による強迫的なリズムの連打，自ら生成する音にひとまとまりの収束感を付与できないゲシュタルト性の欠如，木琴や鉄琴の使用による既知のメロディの模索的演奏などである。共鳴や連想を欠くこのような音の生成は，注意や関心の幅が狭い，全体の把握が苦手，といった病理的な行動特性のいわば音楽版であり，こうした演奏様態は病者が不安や恐怖から身を守る防衛的機能を帯びるとともに，他者との関係の糸口をも塞ぐ。1章ではこれらを閉じたリズム，あるいは閉じたメロディとして，Tustin（1980, 1984）の「自閉対象」および「自閉形象」の概念と照応した。本章では特定の楽曲（あるいは旋律線）への独特のこだわりと単調なパターン反復にあらためて焦点を当てることにより，リズムやメロディを発展させたりアイデアを更新したりする行為を阻む要因について，彼らの成長プロセスにおけるシンクロニーの欠如という視点から論じ，加えて，統合失調症者への援助の手がかりを見出していきたい。

1節　シンクロニーの生成

1．コミュニケーションにおけるタイミング

　会話が言葉のキャッチボールであるとするなら，会話がうまく進行しているときは，互いの投球間隔は意識にのぼらない。またボールがどのような弧を描いているかさえ気にとめることはない。われわれはただ言葉のやりとりを遊び，

シニフィアンの連鎖のなかに漂っている自己を漠然と傍観している。一方，会話が一時的に停滞したとき，たとえば，言葉選びに窮したり返事のタイミングがわずかにずれたりすると，投球の間合いは直ちに意識にのぼり，時間の流れが気になり始める。しかしながら，その気まずい状況も通常は長続きせず，やがて新たな投球間隔と新たなボールの投げ方で会話が再開される。タイミングのずれたぎこちない状況は，会話者が互いにそのずれを修復する努力によって解消するというよりも，会話者同士に通底する何かが，両者をコミュニケーションの回路にふたたび迎え入れるかのようである。その「何か」を特定することは困難であるが，「何か」は別の何かとは同定不可能な形で確かに存在すると思われる。

　統合失調症者との会話においては，そのキャッチボールがうまくいかない場合がある。そこでは，発話の往復運動が円滑に進みにくく，会話の内容が了解されていることを確かめる手がかりも少ない。これらは，彼らの特異な間（ま）のとり方や発話の抑揚をはじめ，相槌の打ち方がせわしない，視線合わせが適量でないなどに理由を求めることができよう。これらのほとんどは時間的要素を含み，タイミングが合わないキャッチボール，あるいはキャッチボールの不成立，となることは避けがたい。

　以上のような日常会話における様相の連続線上に，彼らとともに行なう音楽活動の場面がある。タイミングのずれは，たとえば打楽器で交互に音を出し合ったり音を重ねたりして即興的に合奏することが頭で正しく理解されているときでさえ起こる。彼らは，相手の音に対して自発的な身体の動きをもって反応しているのではなく，自分の音の出し方が正しいかどうかをたえず確認してから行動に移す。そこには当然のことながら，「乗り」がない。

　われわれが音楽に「乗り」を感じているときには，計測的な時間や数刻みのことは意識にのぼらない。われわれは身体の奥からわき上がる何かに支えられて音楽に同調している。会話のキャッチボールを支えている何かと同じ性質の，行動の内奥にある根源的な存在が想定される。二者が対峙し，かつ互いに相手に寄り添いながら情緒交流や意思疎通を深化させることに関与するこのタイミングは，われわれが早期の成長過程で獲得する「シンクロニー（共時態）synchrony」の日常的現象と考えられる。シンクロニーは，Brown & Avstreih

(1989) によって「自己と対象の境界が融解あるいは消失することなく、調和的、自発的に応答すること」と定義されている。日常の対人関係も、時間要素が結晶する音楽の営みも、シンクロニーなしには成立しない。次項ではこのシンクロニーの生成について、発達学的見地と精神分析的見地の両側面から検討する。

2. 時間感覚の獲得とシンクロニー：発達学的見地から

Yates (1935) は、乳児における時間感覚の生起は空腹体験によると述べる。たしかに、母子一体性、すなわち、一人の乳児などというものは存在せず、母親－乳児という単位があるにすぎない、と Winnicott (1965) が提唱するような状況においては、食べ物は枯渇することなく、空腹はない。まさに乳児的万能感という無時間のなかで充足があるのみである。しかし乳児には、やがて乳房を「待たされる」ことによる欲求不満を経験する時期がおとずれる。母親からの分離は、過去にもっていたものを今はもっていないことから発生する過去と現在の区別と、「わたし」以外のものがあることへの気づきによって達成される。「時間のまとまりは母親からの分離の時期を象徴する (Orgel, 1965)」とともに、母子の分離は、外界への適応準備でもある。

乳児が「漠然とした自己の身体感覚 coenesthetic perception」(Noy, 1968) をもち始めたときの、母親の乳児に対する反応は、乳児の時間感覚の発達や時間制御の仕方に影響を与える。乳児の内部にあるざわめいた運動感覚は、あらゆる構成の可能性を含んだ未分化の状態である。母親との相互関係は、この状態において論理的思考に先立って整えられ始める。Noy によると、生後一ヶ月のあいだに乳児に届き、かつ受けとられるサインは、均衡、筋肉の緊張、姿勢、温度、振動、皮膚や体への接触、リズム、テンポ、音の高さ、音の長さ、音の質（音色）、音の強さ、音の協和、であるという。つまり乳児は、母親の動作や言葉に含まれる物理的な要素に対して反応するのである。音の高さ、長さ、強さ、音色はまさに音楽の要素であり、これらの要素によって成立するコミュニケーションは、言語に翻訳することは不可能である。もっとも、このコミュニケーションの感覚を生涯にわたって保持し続けることは重要である。このような非言語的交流の感覚こそが、われわれを芸術の営為へと導くのであるから。

母子関係に戻ると，Knoblauch（2000）は，母子相互作用における非言語的なリズムや休止のタイミングは，やりとりを組織化し，感情を編み上げていくと述べる。乳児は，未分化な動作や発声が他者に模倣されることにより，他者への気づきを鋭敏化させる。ここにシンクロニーの原点がある。シンクロニーは，母親と乳児の関係において形成され強化されるところの，円滑なコミュニケーションの原型である。また，乳児の未分化な運動のなかには未分化な情動が含まれていることから，シンクロニーは原初的な情動をマッチングさせるという点において，Stern（1985）が「情動調律」と称しているものにほぼ等しい。Knoblauchが，感情は人のなかにあるのではなく，互いに影響し合う人びとのあいだでたえず構築され変化するものであると述べるように，感情は，時間の流れというものを経験することを経てはじめて形づくられる。

明らかなことではあるが，このシンクロニーが母親によって首尾よく促進されない場合には，子どもの側に「環境欠損病」（Winnicott, 1958）としての精神的な障害が待ち受けている。

以上のように，シンクロニーは，自発性と同時性という構造的側面と，情緒の発動という内容的側面を同時にもち合わせている。この二側面は互いに影響を与え合うため，シンクロニーはつねに動的な状態にある。誰が誰に応えているのかが不明瞭になり，いわゆる主従関係の特定が困難になればなるほど情緒交流の密度が高まるとともに，その交流は質的にも変化する。そして，このような様相が蓄積されるにしたがって，シンクロニーは自明のものとなって無意識の領域に沈み込み，われわれの日常生活に通底する。シンクロニーは，大人においても自然なコミュニケーションをつかさどっている重要な力動である。

3．鏡像段階とシンクロニー：精神分析的見地から

Brown & Avstreih（1989）は，慢性的に退行している統合失調症者はシンクロニーが障害されており，そのために自己の身体境界に対する意識が薄いと言及する。Brown & Avstreihはまた，こうした病者たちは明確な身体境界をもたないがゆえに，「共生的融合 symbiotic fusion」の世界にいると叙述している。精神分析学的見地から捉えると，この様相は鏡像段階を乗り越えられない状況と見ることができよう。

Lacan（1973）の鏡像段階において，乳児は，全身を映し出す鏡を通して，神経系統の未成熟ゆえに達成されずにいた身体の有機的統一を一挙に解決すべく，「わたし」の統一像を獲得する。しかし，この鏡に映ったイメージは，「わたし」そのものではない。乳児は鏡のなかの像を「わたし」として見立てることにより，「わたし＝自我」を形成する。鏡像段階を通過するとは，この自分の外部にあるものを自分であると思い込むことによって自己同一性を立ち上げるという危うい事態であるが，ここにおいてひとつのまとまりとしての想像的身体が成立する。

　鏡像とは本質的に他者の次元に属するものであり，乳児は未完成の身体的統一を先取りした時点で自己の内に他者を住まわせる。自己の鏡像を守るためには，他者への攻撃性を常に発動しなければならない。この鏡像段階における他者への攻撃性の様相のひとつとして，同年齢の者に対する特別な行動がある（Chemama, 1993）。子どもは，同年齢の他者を模倣することによって，彼らの気を引こうとする。これは，自分のなかに住まわせている他者を自分のほうから先に承認し，それによって他者に自分を認めさせる行為である。またこの行為は，鏡像という自我の鋳型に同一化するためのプロセスであり，他者に対するこの攻撃性が欠落すると，自己と他者の身体境界が明らかにならず，自分を社会的に位置づけることができない。Lacan（1949）は，「鏡像段階の完成するこの時点は，イマーゴへの類似のものの同一視および原初的嫉妬（中略）を介して，その時からわたしを社会的に加工された諸状況へ結びつける弁証法の端緒となります（邦訳 p.131, 傍点訳書どおり）」と述べる。他者へのこのような行為は他者との協調運動に先立つものであるとともに，自己愛的な核をもつ自我の形成にかかわり，以後の人的交流の仕方に影響をおよぼす。鏡像段階を満足に乗り越えることができなかった場合，自己は他者と二者的な想像関係にとどまり，その関係は外側から「大文字の他者」に支えられることはない。

4．〈父の名〉のシニフィアンと「根源的律動」というシニフィアン

　シンクロニー生成の二側面を要約すると，ひとつは，母親によって構造化されながら発展するところの，身体的，情緒的側面，もうひとつは，「大文字の他者」に支えられることよって自他の境界が成立する認知的，存在論的側面とな

る。

　シンクロニーが生起するためには，身体性と時間性を保障する躍動機能と，言語作用における〈父の名〉のシニフィアンに値する機能とを和した根源的な存在が必要であると考えられる。ここで，「根源的律動」という，言語の根源的シニフィアンに相当するものを想定し，この根源的律動が作動しない場合の病理について考えていきたい。

　構造論的な見方では，統合失調症者の言語象徴化作用が正しく機能しないのは，〈父の名〉のシニフィアンの欠如を被っているからであり，たとえば言葉が主体に対して一方的に話す幻覚は，〈父の名〉のシニフィアンによる媒介の欠如によって生起するとされる（加藤 1995）。〈父の名〉のシニフィアンは，主体の構造化のための媒介機能のみを果たすもので，それ自身は不在性を帯びている。それは，自己や他者がシニフィアンの連鎖に登録されて象徴的な身分を獲得し，人間の日々の経験を成立させることを可能にする究極的第三項の位置にある象徴的〈他者〉である。新宮（1995）は，自己言及の不完全性という点からこの関係を論じ，話す存在自体が確かに存在するためには言語外のものによって支えられなければならず，その支えは話す存在の外側にしか求められないと述べる。

　根源的律動もまた，そのものとしては存在しないと考えられる。根源的律動は計測的な刻みにおいて動いているものではなく，さらには形式やパターンももち合わせていない。根源的律動は，生まれ出るシンクロニーとしてのリズムを根底から支え，後に述べるような，カオスから立ち上がってくる音楽の創造にかかわるものである。〈父の名〉のシニフィアンに相当するこの根源的律動を想定すれば，病者の音楽的特性はどのように説明できるのだろうか。これについて論じる前に，芸術的営為としての音楽について，少し先回りして見ておきたい。

　言語象徴作用において，主体はシニフィアンの「あいだ」で構成されるものであるのと同様に，音楽は，自立的になったリズムやメロディのシニフィアンの連鎖により，つぎつぎと意味が先送りされることによって成立する。リズムやメロディというものは，そのつど何か特定のものを指し示すのではない。われわれは音楽の要素を連鎖させることによってのみ「音楽を遊ぶ」ことができ

る。フーガという確立された音楽形式は，このプロセスをもっともわかりやすく芸術的に結晶化したものと言えよう。

　次節では，病者の音楽的営みを，シンクロニーを欠いているがために根源的律動の存在が不確かであるという点から検討する。そうすることによってわれわれは，彼らの音楽の表現特性を病理現象として見るのではなく，音楽に頼って「正常状態」を維持するための彼らの一種の踏ん張りと解釈することができる。その見方はまた，われわれが新たな視点をもって病いにある人びとを援助する道しるべとなるだろう。

2節　病者の表現特性

1．既成の音楽への依存

　統合失調の状態にある人びとがこだわりをもつ特定の音楽とはどのようなものだろうか。彼らが自らすすんで話題にしたり他者に紹介したりするお気に入りの音楽は，概して発症前に流行した音楽であることが多い。あたかも過去の自分，すなわち健康であった頃の自分の姿にすがるかのようである。実際，彼らは現在の空虚な自分を埋め合わせる手だてとして，あるいは現実世界とのつながりをかろうじて維持するために，「過去の自分を知ってくれている音楽」に傍らにいてもらうのであって，たとえばその歌詞が過去の自分を代弁または象徴している，という種類のものではない。

　特定の音楽へのこだわりは，言語活動における危機と関連づけられよう。想像的身体の不成立により他者との真の共同性が確立されていない病者は，自己消失や無化の危機に襲われる。加藤（1995）は，鏡像段階を乗り越えられなかった統合失調症者におけるディスクールのひとつとして，「鏡像的ディスクール」と称する特徴を挙げている。鏡像的ディスクールとは，既成の日常的な言語コードに準拠した紋切り型の表現のことである。加藤は，このような現象は，日常的現実への回帰傾向とともに，理想的父への強い欲求と見てとれるとしており，著名人の言述を模倣したり辞書や教育番組に興味をもつことを例として挙げている。

　加藤はさらに，他者のディスクールに結合する現象を「垂直的共同性」とい

う用語で論じる。病者は，他者との共同性が成立していないがゆえに，他者から自由である。特定の他者から自由であるだけに，彼らは未知の他なるものの近くにあり，未知の他なるものとの共同性が見られるのだという。

　日常的現実への回帰傾向や未知の他なるものとの対話に相応するものを音楽の場面に移して考えると，まさに特定の既成の音楽を嗜好する傾向が指摘されよう。彼らはまた，総じて音楽そのものを楽しむというよりも，音楽の周辺情報に詳しく，その情報を人に披露し，「博学」を人から評価されることによって満足感を得る。著者の知るある病者は，ひとつの楽曲について，その演奏家の生没年，国籍，生い立ち，作品発表年などを正確にそらんじている。自分自身に直接つながる話題は避け，世間のできごとについては流暢に話すという現象は，鏡像的ディスクールの典型であるとともに，音楽の世界においても垂直的共同性が現前していることを示す一例である。

　さらに著者は，かつてブラームスの「交響曲第一番」に魅了された病者に出会ったことがある。彼はこの音楽について，異なる指揮者と異なるオーケストラのCDを十数枚もコレクションしていたのであるが，第一楽章のお気に入りの数小節のみ，CDを取り替えながら鑑賞する，と自らの行動を話していた。実際，彼はこのお気に入りの音楽をわれわれに紹介するときも同様の所作を行ない，一枚のCDの冒頭わずか10秒程度を再生すると，あわただしくつぎつぎにCDを入れ替えるのであった。このような行為は，「分裂病者（統合失調症者：引用者注）は少なからず未知の他者から終始まなざされ，その声を聞く一方，現実のそばにいる他者と対話するよりも，この未知の他なるものと我知らず強要されるように対話してしまう（p.126）」という加藤（1995）の言及の具現化と考えられよう。

2．パターンへの固執

　臨床場面での即興演奏に見られる，単純なリズムパターンへの固執は，自発的にバリエーションをつくることの困難さをあらわしている。いったん形成されたリズムパターンは自動的にくり返され，周囲の変化や揺さぶりに対して無反応に近い。

　彼らにとって，時間やリズムは「もの」である。彼らのリズムは根源的律動

に支えられたリズムではなく，知的に統制された数の並びである。そこには他者の動きや情緒を刺激する躍動性はない。また，即興演奏において見られるタイミングのわずかなずれも，時間が「もの化」されていることの証左である。彼らは，過度に意識する対象物としての時間との格闘に専心し，他者との関係性によって時間や音楽を生成する機会から自らを閉め出している。

臨床場面において他者との音楽的かかわりが要請される場合には，彼らはシンクロニーの欠如を「過同調」（市川 1992）によって補う。過同調とは外見的な形の忠実な，もしくは過度の模倣であり，そこには情緒的な要素が練り込まれた身体のなぞりというべきものが欠落している。それは互いの運動の先取りとしての「同型的同調」，あるいは，対話や合奏が成立する「相補的同調」（同上）とは質的に異なる。過同調は，自我の脆弱な病者にとって即興的なかかわりが侵襲的であると感じられる場合の自己防衛でもある。即興演奏における過同調は，音楽表現をより硬直化させることへと導き，音と病者とを無媒介に結合させる。過同調の力は，やがて病者と音のあいだの往復運動から生じる反復と充満の世界を形成し，アール・ブリュットの絵画に見られるパターンや形式の増幅と循環というものと同様の特徴を，音楽の内部に潜行させる。音楽的なかかわりが治療的であるためには，セラピストが「抱える環境」（Winnicott 1965）を保持しつつ，徐々に病者と対等な音楽的パートナーシップを築き，音楽構造における「図」と「地」の形成の役割を交代で担うことによる相補的同調へと方向づけることが必要となる。

3節　シンクロニーから芸術的営為へ

1．リトルネロについて

Ruud（1998）は，病者は永遠のリミナリティ liminality に生きており，構造や自己‐非自己の境界のないカオスの世界に怯えていると論じる。このような彼らの状況におけるわれわれの援助は，彼らの心的生活を構造化するに必要なシンクロニーを生起させことにまず向けられるべきであろう。それは「コミュニケーションの練習」の強要ではなく，シンクロニーの経験によってのみ確められるところの根源的律動の存在を彼ら自身が感じとることを導いて，彼らを

シニフィアンの連鎖に迎え入れる手助けである。

　音楽の創造行為を通してカオスから構造へという道程を歩むにあたって，本節では Deleuse & Guattari（1980）が論じる「リトルネロ ritornello」の概念に助けられていこうと思う。リトルネロは，音楽史的にいくつかの意味をもつが，現在では一般に，楽曲のなかで「リフレイン」としてくり返される部分のことを指す。Deleuse & Guattari もリトルネロの語義については多面的に論じているが，とくに，カオスに対するコスモスであるという包括的定義と，「表現的になったために領土化され自発性を獲得したリズムとメロディ」という解釈は重要である。音楽用語としての本来の意味においても，Deleuse & Guattari で論じられる語義においても，リトルネロの本質は「他の部分との対照性」にある。

　Deleuse & Guattari は，リトルネロとはカオスの只中に安定感や静けさをもたらすリフレインのある歌，あるいはカオスに対抗する囲われた空間の構築であると説明し，われわれが鼻歌をうたったりラジオをつけたりすることでひとつの空間を整え，安心を得ることを例に挙げている。このことから了解されるように，リトルネロは空間の中心を限定するものではない。カオスに対するコスモスの形成とは，単一のリトルネロを核として構造ができあがるということではないのである。

　それでは，「表現的になったために領土化されたリズムとメロディ」とはどのように理解すればよいのだろうか。領土化とは何か。Deleuse & Guattari の記述をもう少し拾ってみよう。彼らは，「環境の成分が方向を指示するのをやめて次元を指示するようになったとき，また機能的ではなく表現的になったとき領土が生まれる（1980, 邦訳 p. 364）」，「領土化の要因は，（中略）リズムやメロディの〈表現の生成変化〉に，つまり固有の質（色彩，匂い，音，シルエット……）が出現するところに求められるべきなのだ（同上 p. 365, …… は訳書どおり）」と述べている。領土化とは，リズムやメロディが自らの音の長さや高さを変化させることによって時間の刻みを前進させるということを一時停止し，そこに別の何かを現出させることを指している。リズムやメロディのこのような生成変化は，Langer（1957）が「仮象 apparition」と称している芸術的営為の本質と重なる。Langer の論によると，音楽は計測的時間とは異なる虚の時

間，すなわち聴覚的仮象の創造である。リトルネロは仮象と同義，または仮象の萌芽と考えてよいだろう。ここでひとつ了解しておくべき点は，リトルネロ＝仮象は，われわれが通常考える時間の長さという分量の次元からのがれているということである。つまりその長短あるいは大小は不問である。

2．モチーフについて

　以下では，リトルネロに関してリズムの側面のみをとり上げていきたい。Deleuse & Guattari は，リトルネロのさらなる局面について，半開きになった輪のイメージで説明している。つまり領土化された囲みの一部は開かれているのである。リトルネロのこの性質は，Ehrenzweig (1967) が論じる意味での「モチーフ」と相応させると理解が容易になるだろう。モチーフはそのひとつひとつが完結したものではなく，囲みの開いた不完全なものである。リトルネロはこの不完全なモチーフであることにより，全体構造の展開に貢献する。その不完全性は事後的に正当化される。すなわちリトルネロは，創造性を内包するシニフィアンとして機能し始める。

　Ehrenzweig はまた，モチーフを「予測できない全体構造に発展しなければならない成長素（1967，邦訳 p.46）」であると表現し，芸術家が偶然や不測のできごとを歓迎することができるのも，このモチーフの不完全性のゆえであると言及する。モチーフは，予測できない事態をとり込みつつ新しい意味を生成し，音楽の全体へと連鎖を続ける。ここにリトルネロの一瞬一瞬が表現形式として洗練され，芸術の営為が完成する要件が整う。

3．臨床における芸術的営為

　本来，リトルネロとは，何気なく鼻歌を口ずさみ始めるといった前述の例のごとく，カオスに対抗して自然に立ち上がってくるものである。しかし，われわれの臨床課題は，リトルネロを「もたらす」ことにある。そのためには，「漠然とした自己の身体感覚（1節参照）」を組織化するためのシンクロニーを意図的に発動することを必要とする。それはまず，病者の混沌とした身体動作や声，あるいは病者がつくる散逸的な音に反応することから始まる。シンクロニーを促進することによって，リズムが身体の内から浮かび上がるように導くこ

とが重要で，形の整ったリズムのモデルを提供することは避けられるべきである。この段階で第一に求められることは，ゆるやかな音楽構造のもとで時間の場を安定させることである。実際には，彼らのリズムの小さなアイデアに対して，拍の下位分割やシンプルなバリエーションで応えるというようなやりとりが主となるだろう。もっとも，そこでは，母子のシンクロニーに顕在するような感情のやりとりは気づかれないかもしれない。なぜなら，われわれはすでに言語の世界にとり込まれており，カテゴリー化された言語を通してしか情緒交流を確認することができなくなっているかもしれないからである。それでも，互いのリズムには，われわれの気づかない穏やかな情緒が宿っている。その情緒のこもったやりとりのひとつずつこそが，リトルネロの原型なのである。

　シンクロニーによって構造化され始めた音のやりとりのそれぞれ，すなわちリトルネロ＝モチーフは，やがて別のモチーフと連結したり重合したりするようになる。ここでの音のやりとりは，音楽的な対話の様相を帯びる。とくに，穏やかな躍動感をもって音の連鎖に引き入れることのできるような他者とのかかわりは，仮象の立ち上がりを促進する。リズムは，もはやタイムキーパーとしての役割や時間分割の役割を超えて領土化され，表現性をもつに至る。つまり，リズムはここにおいて時間という属性を消失させて別の何かを表現することに成功し，仮象が出現するのである。

　われわれの活動におけるリトルネロ形成の一例として，演奏者の落ち着きや呼吸の整えとともに出現する一時休止，すなわち休符をともなうリズムパターンを挙げることができる。休符（＝休止）は演奏者を音の充満から解放してモチーフの輪郭を明確にし，さらに囲みの開きをもってつぎなるモチーフを誘い込む契機をもたらす。休符は，リズムのまとまりを特定するタイムキーパー的要素であると同時に，時間の属性を消失させ，リズムに対して固有の性質を事後的に付与する。休符は，計測的時間の保持と消失という逆説的な二つの役割を担うのである。

　一方，時間の属性が露出したままの状態であればどのような音楽となるのだろうか。臨床における典型的な例として，「数をかぞえる」ことによって拍子を確かめつつ，楽器を演奏する場面を挙げることができよう。あたかも，拍子という概念を習ったばかりの子どもが，4拍子と3拍子の違いを確認するため

に，それぞれ四つと三つを数えながら強拍と弱拍を習ったとおりに組み合わせてドラムを叩くかのような所作が，大人にも見られるのである。ここには，号令をかけるのと同種の数の唱えがあるのみで，根源的律動から立ちのぼるリズムは見られない。

　もっとも，臨床の場において，仮象がつくられるまでの道のりは長い。われわれが優先的に考えなければならないことは，対人交流を活性化することや創作の達成感を促進することといった，病者への現実的な治療のあり方である。われわれは，場合によっては，むしろイメージとしての仮象を彼らが先回りしてもてるような音楽活動を進めていく選択肢が必要になろう。つまり，リズムの生成変化を経て仮象の出現を期待するのではなく，何かを表現するために彼らが音を自在に操ることを追求するという方向性である。たとえば，絵画やイラストなどの視覚媒体を導入し，イメージを喚起したのちに音を出し合っていく手法（3章参照）は，その一例となる。彼らは，自らの想像力を信頼して虚の実在を創ることを励まされる。彼らはまた，イメージを先取りすることによって，これからつくり出そうとする音楽の全体構造を心的に走査することができるようになる。そうなると，実際の演奏においては，イメージに沿ったさまざまな音の組み合わせを自発的に試し始め，さらには，他者のアイデアをモチーフとして採用したり交換したりすることも開始する。

4節　治療から創造活動へ

1．カオスへの回帰

　宮本（1994）は，芸術における創造の行為とは，「日常的な現実世界の外に立って，なんらかの意味でその世界を超え出た，いわば超越的な世界をめざすという契機を必須の前提とする（p. 224）」と述べている。自己を他者の視点から見るように，自分が創造しつつあるものを自らの外に置き，「美的エクスタシス」を経験することが芸術的営為の仮の達成となる。この「心のおきかえ」と仮象があらわれることとは，同時に起こるひとつのことであると考えられよう。美的エクスタシスは，ふたたびカオスへと回帰する運命にある。そしてそこからまた新たな構造（＝リトルネロ）が発生し，新たな表現性へと向かう。これ

が芸術的営為の道筋である。エクスタシスの経験を芸術的営為の仮の達成と考えるのは，この理由による。カオスは，古い意味を解いて新しい意味を生むための場所，すなわち，すべての意味を無化するとともに意味の源泉となる「空（くう）」である。カオスから構造へ，構造からカオスへという循環のなかで，芸術は，そして芸術を営むわれわれ自身も，存在を続けるのである。

2．沈黙の力

　芸術的営為の結末と同様に，治療的な音楽活動の目的もまた，達成された表現形式を無に帰すことへ導くことと考えられるだろう。セラピストとクライエントが相互に音をやりとりすることによって発展するところの，シンクロニー生成の場としての即興演奏の体験は，相手の表現を身体性をもってなぞることの積み重ねである。互いの行動はロゴス的に了解されるのではなく，感覚の共有，すなわち律動に「乗る」ことによって芸術的営為へと向かう。音楽における仮象の生起と表現形式の洗練という創造プロセスは，他の芸術形態とは異なり，カオスへの回帰はさほど困難ではないかもしれない。音楽は，沈黙に伴われさえすれば，新たな構築のための源泉へと戻ることができる。音楽は「形として残らない」ことが，他の芸術にはない治療活用上の特質である。音楽は，完成したものを破壊する葛藤や痛みからのがれている。

　ここで，いま述べた沈黙ということについて言葉を足しておきたい。沈黙は，洗練された表現形式がカオスに回帰するための推進力をもつ。沈黙は躍動感を消滅させることはない。リズムは沈黙のなかで息づきながらカオスに帰る。リズムはまたカオスのなかで新たな息吹き，すなわち新たなリトルネロとなって再びカオスから立ち上がる。Picard（1948）はつぎのように述べる。

> 言葉は一何時もおなじ繰りかえしである場合でさえ―それが沈黙から生じ来たるやいなや，常に新しいものとして現われることが出来る。だから，何時もかわらぬ同じ言葉で述べられる真理も，決してそのことによって硬化したりはしない（邦訳 p. 35）。

　カオスから立ち上がるリトルネロもつねに新しい。リトルネロが表現形式へとその道程を進むたびに，音楽は人びとに新しい視点に立つことを教える。音

楽活動は，クライエントがカオスとコスモスの世界をくり返し経験することによって，カオスのなかで眠っている根源的律動に気づくことを導く。クライエントは音楽を生成するつど，音の流れの上に自己像の焦点を結び，セラピストもまたクライエントの自己像の移ろいに音楽的に応答しながら，セラピスト自身の自己像をそのつど発見する。即興音楽は，美的エクスタシスが二重のらせんを描く営みであり，われわれはこの治療的な場において共同で真の創造活動を開始する。

7章

ミュージックセラピィにおける，音の作用と「機知」の可能性について

● 道しるべ

　著者はこれまでに，治療的な音楽活動のなかで出会う表現特性としての単純なリズムパターンの機械的反復や既知のメロディの執拗な探索は，病者にとって不安や恐怖からの自己防衛の反映であるとともに，そうした行為は，彼らに新たな状況への参入を回避して思考を停止させる可能性を孕んでいることを論じた（1章参照）。しかしながら，彼らの音楽行動はつねに防衛的，自閉的であるというわけではない。彼らは音楽空間という安全な枠のなかで共同世界との折り合いを試そうとする。もっとも，音や音楽を介した彼らの周囲への働きかけは，「仮性適応」や「自己の透明化」と言われる統合失調症の特性から一気に対極に振れてしまうような唐突さや奇抜さをしばしば伴う。さらにその様相は，共有できる笑いを誘わず，いわば受けねらいが頓挫したような印象となることもある。われわれは，こうした彼らの音楽的行為の内奥にある当惑や葛藤を独自の仕方で受けとめ，それらを新たな方向へ差し向けることによって，音楽活動を精神療法の一類型に位置づけ，「遊びの場」[注1]を差し出すことができる。

　本章では，精神病圏にある人びととの音楽活動に見られる特異な行為のいくつかが，治療者の立ち位置に応じて，彼らの自己治癒の契機となりうることについて論じたい。

1節　即興演奏における音の様相

1．治療的な音楽活動における即興演奏の概略

　臨床場面における即興演奏の主なねらいは，クライエントが対人交流におけるタイミング調整の仕方や情緒的調和の体験を蓄積することである[注2]。セラピストの側は，クライエントと音を和していくなかで，彼らの音に託されてい

る意味や彼らのこころの内奥の変化を読みとる。たとえば，セラピストが提示する簡単なリズムに調和する音をクライエントが即時的に創出していく合奏形態は，母子分離プロセスの再体験としての意味をもつ。しかし実際には病者の多くは，セラピストの音に乗りつつ新たな流れの層をつくることが困難で，概してセラピストが発するリズムの「逐語的な」模倣や機械的な追随に留まる。しかし，このような滑らかさに欠ける演奏も，他者に意識を向ける努力として尊重されながら，徐々に拍動（ビート）に乗って，オリジナルなリズムやメロディをつくる体験へと導かれる。他者とのかかわり方を即時的に模索し実行することに焦点が置かれるこのような即興演奏においては，生成される音楽の巧拙は不問である。

2．即興演奏における特異な反応

われわれのグループ活動[注3]では，音楽的経験の如何にかかわらず，メンバー全員がなるべく公平に即興演奏に参加できる工夫をする。セラピストが刻む簡単なリズムを通時的伴奏として，メンバーの各々がドラムやシロフォン（木琴）などを順々に演奏して音をつなぎ，ひとつの流れを成す音楽をつくることは，その工夫のひとつである。これは，各人が互いの様子をうかがいながら音出しの要領を理解できる「乗りやすい」活動であるのだが，彼らは時として，通奏するセラピストの音と無関連の演奏を始めることがある。その音は，セラピストとは別のテンポやリズムをほぼ規則正しく刻んでいることもあれば，ギターのかき鳴らしやマラカスの振り回しなど，音が無秩序に持続しているだけの場合もある。しかし，こうした非調和的な行為も，漠然とした指向性を伴っている印象をわれわれに与える。少なくともそれらは，1章で論じたところの，強迫的な奏法によって心理的な壁を張りめぐらせるような自己防衛的，自閉的な態度とは性格を異にする。

3．特異な行為の奥にあるもの

彼らは，セラピストの音の流れを了解していながらも，それを背景化して自分の音と和していくことをしない。彼らの反応は，いったん「図」として認知したパターンを「地」へと沈めることなく，「図」の上にさらに「図」を焼きつ

けていくかのようである。このことは，未分化の領域に関する Ehrenzweig (1967) の言及から解釈できよう。

　Ehrenzweig は，芸術を享受する際には，意識的な焦点集中と，焦点を置かずに全体を見通す統合的視覚（または聴覚）という対立する二つの構造原理の葛藤があると述べ，注意の集中と分散を自在に交替させる多声音楽の聴き方を例に挙げている。Ehrenzweig はまた，その統合的知覚は未分化の無意識に錨を下ろしているもので，芸術の深層構造から理解の「手がかり」を抽出するために必要であるのだが，統合失調症者は「無意識という停泊地」をもたないと論ずる。この論に添うと，われわれのクライエントも統合的知覚をもち合わせていないと考えられる。彼らは，焦点づけたセラピストの音も自らつくり出す音も未分化の領域へ移行させることができず，自分の手の内にある音の断片を表層的に寄せ集めて応答し，セラピストと自らの音とを刹那的に融合させようとする。

　ここで，彼らの行為に感じられる漠然とした指向性を，ゲシュタルトの生起可能性を孕んだ未分化領域への希求，すなわち未分化の領域を自らで仮体験する試みと捉えることはできないだろうか。彼らは，セラピストとは別の分節化された音や漫然とした音の連続を用いて，セラピストの音の隙間をことごとく埋め，両者の音が混在する世界を未分化領域として機能させる。彼らの意図は，仮創造したこの領域を起点として，分化された要素を新たに発見または創造しようとすることにあると考えられる。彼らが創造するこの最初の音の世界は，間断なき持続性や発信の無方向性という点で「唱え」である。もっとも，このような誰の上にも像を結ばない「唱え」は，しばしば楽器を操作する大げさな身ぶりのみが際立つゆえに，わざとらしく，また受けをねらったような印象となる。それは，必要以上の大きな身体動作を他人が行使すると笑いを誘う Freud の「神経支配の消費[注4]」を思い起こさせる。しかしながら，彼らにとってこの「唱え」は，音のあらゆる断片を相互浸透性のある要素へと融解する行為であり，それはやがて「縮合[注5]」を経て分化され意味を付与される音楽的な「語り」へと移行する前段階と考えられる。

4. 音楽的な語りの促進

「唱え」からのいわば再出発は，互いに連絡や関連を欠いた音楽体験の断片を融解し，それらを思考や記憶を可能にする要素へと変換するプロセスである。したがってこの現象は，「ベータ要素」を「アルファ要素化」(Bion 1962) する試みということができる。彼らがセラピストの音を模倣したり機械的にテンポを合わせたりする所作も，彼ら自身が創造した分節化のあらわれと受けとめられるべきであろう。たとえ彼らの発するリズムがセラピストのリズムの忠実な再生であっても，それを創造（または想像）か発見かを問わない Winnicott の「体験の中立領域[注6]」を保持することがわれわれに求められる。さらにそれらは，語りの萌芽として応答を保証されていなければならない。分化した音のまとまりを音楽的なシニフィアン[注7]とみなせば，われわれは，シニフィアンが筋道を立てやすいように，あるいは結び目をつくりやすいように，音楽の流れを整え，流れのまとまりに価値を与えていかねばならない。たとえば，即興音楽のテーマを提案したり，テーマの代わりに古典音楽の楽譜に付されている発想記号[注8]のような言葉を考えて，これから出現する音楽にあらかじめ性格や方向性を緩やかに付与する。本来はシニフィアンが連鎖することによって醸し出されるサンス sense を，やや先回りして提示しておくことにより，安心して「語り」ができる場を差し出すのである。

つぎに別種の音楽活動を事例として，病者の音楽体験の積み重ねが，その性質を変化させつつ治癒へと向かわせる過程を検討する。

2節　CD 鑑賞における音楽の様相

1. 鑑賞作品の選択

治療的な音楽活動では，クライエントの音楽体験や音楽的嗜好が直接に反映される機会を提供することも即興演奏と等しく重要である。われわれのグループでは，クライエントたちが自分のお気に入りの CD をもち寄って皆で鑑賞する時間も設けている。以下ではこの鑑賞時間における一人の男性クライエントの一連の行動を概観し，理論的検討を加えてみたい。

音楽プログラムへの参加が三年を超える D 氏（統合失調症，20 代後半）は，

即興演奏の時間は概ね積極的であるが，鑑賞の時間になるときまって存在感が薄らぐ。この時間を情報交換の好機とする他のメンバーたちと，興味の上でも会話の展開の速さの点でもついていけないのが第一の理由であろうが，鑑賞という行為そのものが彼に根づいていないと見られ，音楽が流れているあいだは居場所を失うかのように落ち着きのない行動をとることもある。

　この鑑賞時間をどうにかやりすごしていたD氏はあるとき，デイルームで見つけた落語のCDを鑑賞することを唐突に提案した。そしてその提案が受け入れられたことが直接の動機づけになったかどうかは不明ながらも，その日をきっかけに以後，デイルームからCDを毎回選んでくるようになった。自然の音（環境音），声明，雅楽といった特殊な分野から，クラシック，ジャズ，ポップスなど，選択は多岐にわたった。しかし後述のように，D氏はそれらの作品の逐一にけっして思い入れがあるわけではなく，またそれらを聴くことによって安堵や充足感を得ることもなかった。CDが再生装置にセットされるやいなや，彼の存在感はふたたび消えていた。

　彼の行動についていま少し詳しく述べると，一連の選択の発端となった落語のCDに関しては，彼は演目も演じる落語家も知らないと言い，落語を選んだ理由の言及もなかった[注9]。グループの何人かはこの非音楽的な持込物に苦笑するものの，彼の提案に抗したりする者はない。セラピストは彼の提案を受け入れるが，一演目を聴き通すだけの興味は当人にもグループメンバーたちにもないと推測し，最初の五分程度を聴く提案をして全員の了解を得た。彼は翌週にも同じCDを持参し，別の演目をかけることを希望した。また自然の音についても，彼は同一のCDを三週続けて持参し，「川のせせらぎ」，「蛙の鳴き声」，「水琴窟」を，各々の週に提案した。

　クラシックやジャズ，ポップスの分野においてもまた，提案された音楽はすべて彼が「知らないけれどもってきた（本人談）」ものばかりであった。声明と雅楽はジャンルとしての用語自体にさえ不案内であった。ただ，彼の選択の仕方は概して共通しており，ほとんどいつも風変わりな曲名をもつ音楽を提案していた。声明や雅楽に至っては，読み上げるのが困難な漢字の曲名をあえて選んでいる様子で，CDジャケット上に記載された収録曲名を指差すことで，セラピストに選択の意思表示をした[注10]。

2．一連の行動の奥にあるもの

　D氏の提案は，彼自身の音楽体験や興味に裏打ちされたものではない。彼があえて非 - 音楽的な作品や未知の世界の音楽を差し出すことにはどのような意味があるのだろうか。われわれはここに，即興演奏におけるあの不調和な音の出現との関連を見ることができる。鑑賞の行為においても，未分化の領域を自ら構築し，その後に分化した要素を創造または発見することを試みていると考えられるのである。

　落語という語り文化の最高峰も，D氏にとっては分化されていない音声の持続，すなわち「唱え」であり，意味の抽出を彼に強要するものではない。「唱え」の性格は，単調な音素の連続としての自然音や声明，雅楽にも共通する。「知らないけれどもってきた」楽曲もまた，「唱え」の性格を超えるものではない。ただ，彼が携えてきた諸作品を「唱え」とみなすのはさほど不自然なことではないだろう。われわれも落語や自然の音を，録音されたものから心底楽しむことは難しい。落語家の表情，しぐさ，小道具などの手がかりなしに，音声のみで話の展開に寄り添うには特別な集中力が必要である。自然の音についても，視覚や嗅覚や触覚が機能しない再生音を聴き続けるのは退屈である。未知の楽曲については，われわれが明確なリズムやメロディを認知できない現代音楽に遭遇したときの当惑を想像すればよいだろう。リズムや音配列に反復や収束があるとしても，それは数学的，幾何学的，論理的なものであり，われわれの情感に直接に訴えかけるものではない。

　D氏にとって，未分化領域の仮構築には成功したものの，この「唱え」が「語り」へと変容する道は容易ではない。彼の唱えには共同了解的なシニフィアンへと参入する条件が整っていないからである。われわれの鑑賞の時間は，音楽のカテゴリという自明の前提のもとで鑑賞の対象が選択され，音楽そのものが共同了解的なシニフィアンの連鎖となっている。落語や自然音といった音楽以外のカテゴリの参入は，共同の了解を断ち切り，つながっていた意味の支えをそこで失う。さらに，メンバーたちが互いにお気に入りのものとして紹介しあう音楽は，鑑賞の場の性格や方向性を無意識のうちに構成している。そこにはシニフィアンの連鎖がもたらすある種の安定性が維持されている。D氏になじまれていない未知な音楽は，シニフィアンの連鎖の登録からはじき出され

る。その結果，彼のそのつどの行為は奇異な様相を呈したまま浮遊する。シニフィアンは「主体を，他のシニフィアンに対して代表象する（邦訳 p. 320）」という Lacan（1973）の言説から，「シニフィアンは，別のシニフィアンへと回付され，主体はそうした複数のシニフィアンとの重層的関係のなかで自らの位置を知る（p. 58）」と加藤（1995）が導き出しているように，主体はシニフィアンの連鎖のうちにしか位置づけることはできない。行為の主体になることができないとき，人は個々の行為や観念を自分なりの筋書きによってつなぎとめる装置を働かせなければならない。D氏の場合は言語新作にも似た不可解な曲名をつぎつぎに探し出し，他者からの承認を受けていないシニフィアンを結びつけることによって，代用自我を形成していると考えられる。もっとも，彼は自らの働きかけが無力であることを前もって察知しており，提案した作品が音として現前するごとに，それらのシニフィアンの鎖も霧散する。

3．機知への動き

ところが，D氏はある CD 曲の選択をきっかけとして，単一のシニフィアンによってのみ主体が規定される無媒介的な結合状況から自発的に離脱し，シニフィアンの連鎖に登録される主体となることができた。その CD 曲は，歌手でない芸能人が歌っている作品であった[注11]。彼はその芸能人を「漫才師」として知っていて，「この人は歌手ですか」とセラピストに話しかけながらその CD を差し出した。このとき，彼の心の内奥に「言葉を操る専門家が音楽をする」という意外な組み合わせのイメージが成立したようだった。彼のこの選択は，言葉，音楽，歌手，漫才，幸せ（曲中の単語）といった彼のバラバラの知的断片がアルファ要素化し，それらが縮合を受けた機知の様相を帯びている。機知は仲間たちの上にも意味を結んで朗らかな笑いを引き出す。その機知は，新宮（2001）が言及するところの，「病的過程によって生じた経験世界の変容に対して，患者はもとの健康な自分に備わっていた機知の力を使って抵抗を試みる」言語的機知行為の等価物であろう。機知は，彼にかすかに内在するアルファ機能の産物であると言えよう。彼は脈絡のない一連の提案を無条件に受理され，鑑賞空間のなかでセラピストに間接的に「夢想」（Bion 1962）されることによって自己治癒への糸口を見出す。こころのなかに「奇怪な対象」（同，1962）と

して消化されないまま留まっていたものが，やがてそれについて考えられたり記憶されたりできるアルファ要素に変換されたのである。

　彼の体験群が意味を成すものへと統合されていく過程においていまひとつ重要なことは，風変わりな曲名が彼にとってのイデオグラム，すなわちアルファ要素への変換が可能なものとして作用する可能性である。「はげ山の一夜」などの情景的な曲名のいくつか[注12]は，イデオグラムからさらに視覚イメージへ変形可能なものとして選ばれ，彼はその行為によって不可解な文字の氾濫，すなわち言語新作に似た現象の体験から遠ざかることができたのであろう。

4．機知の「見做し」

　ここで，「機知を形成するために無意識の中に沈みこむ思想は，無意識において，かつての言葉による遊戯という昔の住拠を再訪するだけのことなのだ（邦訳 p.195）」という Freud（1905）の言及に導かれつつ，D氏によってなされた落語や自然音の供出に内在する機知形成の可能性について考えてみたい。もちろん彼自身のなかには，落語や自然の音声が縮合や遷移を受ける契機はまだ存在しないが，それらの音が機知の萌芽を含んでいると「見做す」ことが，治療者として必要な姿勢であると思われる。ここで，われわれを近づけてくれるであろうところの，自然の音に対する「聞き做し」という言葉遊びをとり上げてみたい。聞き做しとは，鳥のさえずりなどの節まわしを人間の言葉に置き換えて意味をあてはめることである[注13]。また聞き做しは，川田（1998）によって「個人の「頓知」ではなく，民俗的な背景をもった領域（p.100）」と言及されていることから，それらは，共有される情感を伴う機知的な縮合と見ることができる。

　またD氏の落語の聴き方を，子どもが難解な物語や大人の会話をそれとなく理解する仕方に照応すると，落語の選択は機知形成の萌芽のさらなる前段階と考えることができよう。それは，音を選択的に無意識に沈めるという体験である。Ehrenzweig（1975）は，子どもは理解できない言葉や言い回しにこだわったり立ち止まったりすることなく，要点のみを把握する力をもつという。子どもはあいまいな経過的要素に対する耐性度が高いのである。しかし大人の場合にも，話の筋道を的確に追うときほどあいまいな要素に対する耐性は必要であ

り，それは音楽を享受することにおいても同様である。音楽は，不協和音や経過音[注14]，あるいはグリッサンドやビブラートなどの装飾的な動きを潜在的に聴かれることによって，その構造と奥行きが理解される。不明瞭な音の事象は構造的に重要であり，潜在的聴取が成功するほどに音楽の美的価値は高まるのである。

　落語の供出は，「未分化な心像に対するかたくなな恐怖心」（Ehrenzweig 1967）や「曖昧な未分化（区別不可能性）に対する不耐性」（同上．）といった統合失調症の特徴を呈する病者が，あいまいな状況に耐えることへの無意識的な試みであると言える。つまり，自分なりに意味を結びやすい言葉を見つけさえすれば，あとは「経過音」として聞き流して構わないのだという状況に身を置くことの試みである。言葉の逐一の意味を問わず，シニフィアンの連鎖に漂いながら意味が先送りされていく流れを遊ぶ。D氏はこのことを図らずも希求しているのかもしれない。そして彼の希求の先には機知の笑いが待っている。それは加藤（1995）が言及するところの「言葉が自分の知らないところで自己運動することについての驚きをもった承認，およびその引き受け（p.132）」としての機知によってもたらされる笑いである。D氏は「主体は，言葉の意味をいちいち深刻に詮索することなく言葉の自発性と自立性に身を委ね，この言葉への自己委任ゆえに，「幸福なる不確信」の状態が可能になる（加藤，同上．）」ことを願望しているのであろう。

　シニフィアンの連鎖に漂いながら意味が先送りされていく流れを遊ぶことは，D氏にとってもうひとつの重要な意味をもつ。それはD氏が音楽を聴くこと自体に対する身の置きどころのなさが軽減されるという見通しである。彼はシニフィアンの漂いのなかで，意味になりきらない意味，シニフィアンになりきらないシニフィアンとしての音の響きに無条件に抱かれる感覚を得ることができる。この「包まれ感覚」は，大人が談笑する静かなさざめきのなかで安心して眠りにつく子どものような，外界に対する信頼に通じる。鑑賞時間における彼の居心地の悪さは，外界に対する信頼が十分でないことと関連していると思われる。

3節　音楽におけるアルファ機能

1．創造的なカオスへの移行

　機知形成の過程と，われわれの活動が芸術的営為としての価値をもつ過程とに共通して重要なことは，未分化の要素が分化へと方向づけられるとともに，分化された要素がふたたび未分化の様相を帯びて無意識に沈みこむ，その方向性である。分化した要素が互いに浸透しあって意味を結び始め，情緒的な要素も付与されたのちに，われわれは創造的なカオス[注15]へと向かう。創造的なカオスは，組織化を緩めて素材的，要素的ないわば雫へと解体された音が蓄積される未分化領域である。われわれはこのカオスへと導くベクトルの力をもうひとつのアルファ機能と見る。このアルファ機能は，思考を喚起する音や記憶に保存可能な音へと変換する機能とは逆向きのベクトルとなるが，無意識の領域に満ちる無意味な音の雫に，新たな意味をとり結んでいくエネルギーを付与することにおいて，象徴化の素を育むものである。このアルファ機能は，われわれの音楽の世界において反復という現象から検討できよう。冒頭に述べたように，著者はこれまで反復行為についての防衛的な側面を見てきたが，自己防衛や不安回避のためのいわば壁となっていたその反復が，内海（2002）が述べるように「時間の加速を緩め」，もしくは「時間をかせぎ」ながら，どのように意味を解体し，創造的なカオスへと沈む推進力となることができるのであろうか。反復を経由した創造的なカオスへの道筋について，芸術音楽の分析に導かれつつ考察してみたい。

　新宮（1995）は，シューマンの音楽に反復を契機とした脱リズムの特徴を見出し，シンコペーションの持続的な使用や同一音型の執拗なくり返しは小節線をほとんど無効化すること，また，単純素朴なリズムが固執的にくり返されるだけでも脱リズム化への意志がはたらき，一音一音が等質化されることを，いくつかのピアノ曲を例に論じている。リズムがとり去られて「「音」と「沈黙」を等質化」（新宮 1994）された切れ目のない音楽は，意味を無化されて，しかしながら無限の象徴性を秘めてわれわれの言う創造的なカオスへと沈むのであろう。「シューマンの音楽には，無意味の意味，すなわち生命が意味を備えず

にただ在るということについての耐容がある」という新宮（1994）の言及は，奥底に沈む音の静けさのなかにある活力を感じさせる。

われわれはシューマンのような経験をなぞっていくことは難しい。しかし，リズムや意味から脱却することにおいて，無拍子や無調性の世界に足を踏み入れてみることによって音の機能を均質化あるいは無化し，情緒的な性質までもそぎ落とすような体験が可能になるだろう。パターン化されたリズムの氾濫を堰き止めてひとつひとつの音の響きに焦点を当てれば，無拍子の流れに漂ってみることができる。さらには，特定の楽音に特定の機能を与えずに音の配列だけを考慮する音列技法[注16]を適用した即興演奏を試みることによって，意味を結びかけては消える音の反復的なゆらぎに親しむことができるだろう。

2．創造的なカオスから再び分化へ：人称性や笑いとの関連

われわれはいまや，音の揺蕩（たゆたい）のなかで音との新たな関係を取り結ぶ段階に来ている。音の未分化の領域は，音に方位指向性がないという点で，また，いかなる感情名からものがれている「無名[注17]」の音が託されているという点で，人称としても未分化の世界である。音は意識の領域へと立ちのぼるにつれて，ふたたび人称性を帯びる。しかし，それはもはや特定の他者と音楽的対話をするための固定的なペルソナではなく，変換や融解の自由を獲得している人称性である。ここでわれわれもD氏に倣って，日本の古典芸能に助けを借りよう。川田（1998）は，能の世界で，地がシテの人称で歌う，またはワキとシテが融合するといった人称の多元化について以下のように言及する。「まず単子としてのペルソナがあって，その交錯や変換が起こっていると考えるより，自然界に包みこまれた未分化の人称的世界に，登場人物や，元来の意味でのペルソナである面によって，かりそめの切れ目が入れられて物語が進行していると考える方が，妥当ではないかと思えてくる（p.246）」。この見解はまさにわれわれが考える音の未分化領域の様相を代弁している。歌舞伎ではどうか。歌舞伎役者が見得を切って静止した大げさなポーズをとるとき，舞台の流れは真空状態に入り，観客をも巻き込んであらゆる人称性が融合したような非‐人称の世界が開かれないだろうか。そしてわれわれはD氏が供出した落語に帰り着く。落語は人称多元性の芸能の最たるものである。一人の演者が複数の人称を担うば

かりでなく，情景描写や場面転換のための独言といういわば非 - 人格的な役割まで受けもつ。

このような古典芸能における人称の交錯や融合と同様の現象は，われわれ自身が芸術を能動的に営む際にも内在している。「自分から出現したものであるのに，自分が作り出したものとは見えないで，むしろ他者の形態に導かれたものと思える（邦訳 p.231）」という Bollas（1999）の言及は，芸術の創造には人称の多元化がつねに発生していることを示唆する。われわれの即興演奏においても，創造的なカオスから立ちのぼる音にふたたび構造や意味を与えていくとき，クライエントもセラピストも人称の交錯や融合の自由を獲得している。音楽的な問答 call and response が誰に向けられているのか不明瞭になり，人称性が希薄化するにつれて，演奏は求心力を増し，「可能性空間」（Winnicott, 1971）としての音楽空間が充足する。問答についてさらに言えば，形の酷似した問いと答えからは，反復する行為や真似の産物は機械的生産化を連想すると言及する Bergson（1900）の笑いが生じ，問いと答えに身体的な緊張と弛緩を伴っていれば，「緊張した期待が突然無に転化することから生じる情緒」としての Kant（1790）の笑いがもたらされるであろう。このように，われわれの治療的な音楽活動のひとつの行き着く先も「笑い」であるとすると，D 氏が落語という芸能をわれわれにさりげなく差し出したことはあまりにも象徴的である。

3．総　　括

Ehrenzweig（1967）は，芸術創造は分化された空間と未分化の空間との葛藤によるものと考え，創造性の原動力として，この二つの空間のあいだを揺れ動く「自我のリズム ego rhythm」を想定した。そして統合失調症を，脱分化に対する無意識的な恐れが限界を超え，分化と未分化の領域を移動する自我のリズムが完全に停止した状態であるとみなした。自我のリズムという言葉は，われわれの治療過程における鍵要素を象徴的にあらわしている。意識と無意識のあいだを揺らぐ自我のリズムの活性化こそが治療の要となり，クライエントがもち込んできた音や言葉がそのリズムの動きによって互いに連絡を結んだり解いたりするのを支えることが，治療者の役割となる。Rose（2004）によると，芸術の形は心的プロセスを減速化し，拡大し，抽象化して，心の内的作用を手

にとるようにわかりやすくしたものであるとされるが，われわれは音楽活動を通して，病者の自己治癒と自己統合をまさにそのように見届けていくことができるのである。

注1） Winnicott によるつぎの論述をもとにしている。「精神療法とは2つの遊びの領域を，患者の領域と治療者の領域とを，重ね合わせることである。もし，治療者が遊べないとしたら，その人は精神療法に適していないのである。そして，もし患者が遊べないならば，患者を遊べるようにする何かが必要であり，その後に精神療法が始められるのである。遊ぶことがなぜ必須なのかという理由は，遊ぶことにおいてこそ患者が創造的になっていくからである」。(「遊ぶこと―創造活動と自己の探求」橋本雅雄訳『遊ぶことと現実』岩崎学術出版社 1979　p.75．原著 Winnicott, D. W.: *Playing, creative activity and the search for the self*. In: Playing and reality. Tavitock Publications Ltd., London, 1971.)

注2） 治療の場における即興演奏は，古典音楽における即興やジャズのインプロヴィゼーションとは様相や目的を異にする（1章参照）。われわれの即興演奏は，一般的な音楽構造や規則に拘束されず，セラピストとクライエント，あるいはクライエント同士の相互作用を基盤とする，いわば自由な表現形式をもつ。

注3） 本章でとり上げるグループは，精神科デイケアプログラムの一環として設定されており，メンバーのほとんどが統合失調症寛解期にある。グループは，セラピスト（著者）と2～3名のスタッフ（精神科医，看護師，臨床心理士など）を含め10名前後で構成される。

注4） Freud は，笑いを心的消費の節約という点から「神経支配の消費」の考えを導入する。神経支配の消費とは，筋肉によって動作を模倣するかわりに，類似の動作に費やした心的消費についての想起痕跡を介してこの動作を表象する」ことであり，他者において観察される動作と自分自身がその位置に置かれた場合に行使する動作との比較によって，余計な役立たぬものとなった神経支配の消費が笑いを生むという。すなわち動作や行為については，自分が必要と考えるより多くの心的消費を他者が負うときに，われわれは笑うという。それはパントマイムを笑うことなどに通じる。(Freud 1905, 邦訳 pp.227-233 より)

注5） 本章では，Freud の文脈における従来の「圧縮」および「転移」の用語に代えて，それぞれ「縮合」，「遷移」の表現を採用する。これは，「フロイト全集〈全23巻〉」(新宮一成他監修，岩波書店）の訳出に添うものである。

注6） Winnicott は，早期の母子関係において移行対象と移行現象が機能する場を「体験の中立領域 a neutral area of experience」と称し，子どもに「それはおまえが想像したものなの，それとも，外部からおまえに差し出されたものなの」と問わないことが重要であり，また「このような質問自体考え出されるべきではない」と述べている。(「移行対象と移行現象」橋本雅雄訳『遊ぶことと現実』岩崎学術出版社 1979 p.17 よ

り。原著 Winnicott, D. W.: Transitional objects and transitional phenomena. In: *Playing and reality.* Tavitock Publications Ltd., London, 1971.)
注7) 著者は，言語の根源的シニフィアンに相当する「根源的律動」を想定して，音楽におけるシニフィアンの作用について論じている（6章参照）。
注8) 発想記号とは，楽譜における奏法記号としての発想標語のこと。たとえば，dolce 柔らかく，animato 生き生きと，brillante 華やかに，cantabile 歌うように，tranquillo 静かに，など，演奏において表現すべき情感や性質を示唆する言葉。
注9) D氏が提示したCDは『米朝珍品集その六（桂米朝）』（EMIミュージックジャパン 1994）。収録演目は，「ためし酒」「あくびの稽古」「古手買」。
注10) 提案された音楽のうち，難解な漢字による曲名例はつぎのようなものである。「鷲覚鈴」「理趣経 善哉 合殺」，CD『千僧音曼荼羅 Buddist Music with 1000 Shomyo Voices』より。「高麗小乱声」，CD『雅楽：天・地・空～千年の悠雅』（東儀秀樹）より。「浄土曼荼羅」，CD『神々の声』（姫神）より。
注11) 『しあわせってなんだっけ：明石家さんまベストアルバム』ポニーキャニオン 1999。鑑賞した曲目は「YELLOW SUNSHINE」。
注12) 提案された音楽のうち，イメージ喚起が容易と思われる曲名のその他の例として「目覚めよ，と呼ぶ声あり」（J. S. バッハ），「組曲展覧会の絵より：サムエル・ゴールデンベルグとシュムイレ〈金持ちと貧乏人〉」（ムソルグスキー），「ユニコーンの飛翔」（喜多郎）などがある。
注13) 広辞苑（第五版）には聞き做しの例として，コノハズクの「仏法僧」，ホオジロの「一筆啓上仕り候」，ツバメの「土喰うて虫喰うて口渋い」が記されている。
注14) 経過音は，非和声音（特定の調性内で機能する和音に属さない音）のひとつで，和音に属する音から音への橋渡しをする音のこと。
注15) 著者は芸術における創造行為の根源的な領域をカオスとして論じている（6章参照）。
注16) 音列技法とは，平均律にある12音を均等に使用することにより，調性の束縛から免れようとする技法のこと。Griffithsは音列技法の基本原理を次のように説明する。「半音階に含まれる12の音が一定の秩序に従って並べられる。その音列は，旋律と和声を生み出すために用いることができ，またその音列によって作品全体を常に結びつけておくことができる。つまりこの音列は，一種の隠しテーマである」。（石田一志訳『現代音楽小史：ドビュッシーからブーレーズまで』音楽之友社 1984 p.91. 原著 Griffiths, P. A.: *Concise history of modern music: From Debussy to Boulez.* Thames and Hundon, London, 1978.)
注17) 新宮はシューマンの音楽に「無名の動き」を見て取り，「私たちの身体内のものとして感じとられるにもかかわらず，あれこれの感情名を付されることを拒むという意味で，それは無名なのである。通常のリズム感から身をかわしてしまうことを通じて，健常な日常生活の基盤である身体的統一感を掘り崩してしまうがゆえに，それは一定の感情価とのつながりを持ちにくい（1985）」と述べる。

あとがき

　日本において音楽療法という治療分野が社会的に認知され始めた契機のひとつに，1960年代に英国ミュージックセラピィの先駆者 Alvin の著書二冊，『心身障害児のための音楽療法』と『音楽療法』，が相次いで翻訳されたことが挙げられる。以後今日に至るまで，日本の音楽療法は，独自の文化的特性との適応を模索しつつ，多様な形態により展開されている。しかしながら，"music therapy" と「音楽療法」の隔たりは大きい。音楽療法と呼ばれる活動の多くは，既成の楽曲を利用することを前提としており，なじみの歌を唱和することや素朴な楽器でリズムとりをすることによって心身機能の活性化を図ることを目標に掲げている。他方，music therapy においては，かぼそく聞きづらい音や無秩序な音の連なりの生起が，人と人とのあいだを行き交う「言葉」となるとともに，そのすべての音は music と呼ばれる価値があり，music therapy の基軸である即興演奏の要素として尊重される。本書は，この music therapy の本質的な性格を見失わないよう，音楽療法ではなく，ミュージックセラピィという呼称を選んだ。また日本においては，ミュージックセラピィの概念自体が精神的援助の一領域として承認されているとは言いがたいため，全編を通じて「療法（セラピィ）」の表現を控え，治療的な音楽活動という表現を使用している。

　ところで上述の Alvin の古典を読み直してみると，そのなかに記述されるセラピィの場は，概して「静寂」が優位である印象を受ける。現在行なわれている日本の多くの音楽療法のように，さまざまな音楽が駆り出されて治療空間が音で充満する状況ではないのである。実際，Alvin に薫陶を受けた人たちにスーパービジョンを受けた著者が経験した英国のミュージックセラピィは，総じてきわめて静かな活動であった。すなわちそこでは，音は，無条件に使用されるべき既存の存在ではなく，セラピストとクライエントのあいだで生まれては消える生命体のように扱われる。ミュージックセラピィの真髄は，あらゆる音

が沈黙から生まれることにあると言える。

　音楽はあらかじめ存在するという前提で成り立つ「音楽療法」において，音や音楽が一時的にせよ鳴りやむことは，セラピストとクライエントの両者を支えている基盤が消滅することであり，そこでは必然的に不安が喚起される。つぎなる音楽を見つけ出す強迫的行為がセラピストにもクライエントにも起こりうるだろうし，あるいは，音の裂け目に吸い込まれるような恐怖が生起することもあるだろう。一方，音が生まれては消える状況においては，われわれは沈黙を共有し，そこから細やかな情緒が織り成され，それらが音となって立ちのぼるのを待つ。

　音や音楽の生成プロセスを，言語が意味を結んではその意味を解いていく様相と照応しつつ，「音楽すること music-making」の治療的意義を解明すること，これが本書の大きな流れである。音楽と言語との関連，および早期の母子関係とセラピスト－クライエント関係の類似性に関する考察を陰から支えてくれたのは，6章にも引用した Picard の著書『沈黙の世界』であった。

　最後に，Picard のつぎの叙述を読者の方々と共有することによって，ミュージックセラピィにおける音楽とはどのようなものかということの結論にしたいと思う。

　　言葉が幼児の沈黙からたち現われてくるのは，容易なことではない。ちょうど，幼児が母親に手をひかれて歩くように，沈黙によって言葉は口の縁（へり）まで連れてこられるように思われる。そして，言葉はしっかりと沈黙によって支え保たれているから，一音一音がいちいち沈黙から解き放されねばならないかのようなのだ。幼児の言葉によって外部へ出てくるのは，音声よりも寧ろ沈黙である。幼児の言葉によって，本来の言葉よりもむしろ沈黙が，人間へとうごいて来るのである。

　　幼児のかたる言葉は一直線をなして経過するのではなく，あたかも沈黙のなかへふたたび帰ろうとしているかのように，一つの弧を描いて経過する。幼児の言葉はゆっくり他の人々へと伸びてゆく。そして他の人々のところに達すると，一瞬，もう一度沈黙へ帰るべきか，或いは人々のもとに止るべきかと躊躇（ためら）うのである。幼児は，ちょうど彼が投げあげたボールを，それが空中で消えてしまいはすまいかと眼で追うように，自分の言葉を見送るのだ（邦訳 pp. 132-133）。

　本書は，平成23年度日本学術振興会科学研究費による補助により出版に至りました。本書出版のためにお力添えをくださったすべての方々に心より感謝

いたします。また，音楽の営みを精神分析の世界に映しながら言語化する研究を長きにわたり支えてくださった，京都大学大学院人間・環境学研究科の新宮一成教授と，本書の企画に深遠なるご理解と惜しみない援助をくださったナカニシヤ出版の宍倉由高氏と山本あかね氏には，格別の謝意を表します。

2012年1月

稲田雅美

参考文献

Aldridge, D. (1989) A Phenomenological comparison of the organization of music and the self. *The Arts of Psychotherapy*, 16, 91-97.
Alvin, J. (1965) *Music for the handicapped child*. London: Oxford University Press. (山松質文・谷嘉代子訳『心身障害児のための音楽療法』岩崎学術出版社　1968)
Alvin, J. (1966) *Music therapy*. London: Baker. (櫻林仁・貫行子訳『音楽療法』音楽之友社　1969)
Alvin, J. (1978) *Music therapy for the autistic child*. NY: Oxford University Press. (山松質文・堀真一郎訳『自閉症児のための音楽療法』音楽之友社　1982)
尼ケ崎彬 (1990)『ことばと身体』勁草書房
アリストテレス『ニコマコス倫理学』朴一功訳　京都大学学術出版会　2002
Arieti, S. (1957) *Interpretation of schizophrenia*. NY: Basic Books. (加藤正明・河村高信・小坂英世訳『精神分裂病の心理』牧出版　1966)
Backer, J. (1993) Containment in music therapy. In M. Heal & T. Wigram. *Music therapy in health and education*. London: Jessica Kingsley Publishers.
Bailey, D. (1980) *Improvisation: Its nature and practice in music*. NY: Da Capo Press. (竹田賢一・木幡和枝・斉藤栄一訳『インプロヴィゼーション：即興演奏の彼方へ』工作舎　1981)
Bergson, A. (1900) *Le rire*. Paris: Alcan. (林達夫訳『笑い』岩波書店　1938)
別府哲 (1998)「まなざしを共有することと自閉症」秦野悦子・やまだようこ編『コミュニケーションという謎』所収　ミネルヴァ書房
Bion, W. R. (1955) Differentiation of the psychotic from the non-psychotic personalities. *International Journal of Psycho-analysis*, 38, 266-275. (「精神病人格と非精神病人格の識別」松木邦裕監訳『メラニー・クライントゥディ①：精神病者の分析と投影同一化」所収　岩崎学術出版社　1993)
Bion, W. R. (1962) *Learning from experience*. London: Heinemann. (福本修訳「経験から学ぶこと」『精神分析の方法Ⅰ〈セブン・サーヴァンツ〉』所収　法政大学出版局　1999)
Bion, W. R. (1965) *Transformations: Change from learning to growth*. London: Heinemann Medical. (「変形」福本修・平井正三訳『精神分析の方法Ⅱ〈セブン・サーヴァンツ〉』所収　法政大学出版局　2002)
Bion, W. R. (1992) *Cognitions*. London: Karnac Books.
Bollas, C. (1999) *The mystery of things*. London: Routledge. (館直彦・横井公一監訳『精神分析という経験：事物のミステリー』岩崎学術出版社　2004)
Boulez, P. (1989) *Le pays fertile Paul Klee*. Paris: Gallimard. (笠羽映子訳『クレーの絵と音楽』筑摩書房　1994)

Brown, J., Avstreih, Z. (1989) On synchrony. *The arts in Psychotherapy*, 16, 157-162.
Bruna, D. (1963) *Circus*. London: Methuen Children's Books. (石井桃子訳『さーかす』福音館書店　1964)
Bruner, J. (1990) *The acts of meaning*. (岡本夏木・仲渡一美・吉村啓子訳『意味の復権』ミネルヴァ書房　1999)
Bruscia, K. E. (1987) *Improvisational models of music therapy*. IL: Charles C Thomas Publisher.
Bruscia, K. E. (Ed.) (1998) *The Dynamics of Music Psychotherapy*. NH: Barcelona Publishers.
Bunt, L. (1994) *Music therapy: An art beyond words*. London: Routledge. (稲田雅美訳『音楽療法：ことばを超えた対話』ミネルヴァ書房　1996)
Chemama, R. (ed.) (1993) *Dictionnaire de la psychanalyse*. Paris: Larousse. (小出浩之・加藤敏・新宮一成他訳『精神分析事典』弘文堂　1995)「鏡像段階」の項目 p. 52-54。
Choksy, L., Abramson, R., Gillespie, A., Woods, D. (1986) *Teaching music in the Twentieth Century: Zoltan Kodaly, Carl Orff, Emile Jaques=Dalcrose, Comprehensive Musicianship*. Prentice Hall. (板野和彦訳『音楽教育メソードの比較：コダーイ，ダルクローズ，オルフ，C. M.』全音楽譜出版社　1994)
Coriat, I. H. (1945) Some aspects of a psychoanalytic interpretation of music. *Psychoanalytic Review*, 32, 408-418.
Davis, M., Wallbridge, D. (1981) *Boundary and space: An introduction to the work of D. W. Winnicott*. London: Karnac Books. (猪股丈二監訳『情緒発達の境界と空間：ウィニコット理論入門』星和書店　1984)
Davis, W., Gfeller, K., Thaut, M. (1992) *An introduction to music therapy: Theory and practice*. IA: William C Brown. (栗林文雄訳『音楽療法入門：理論と実践（上）（下）』一麦出版社　1997, 1998)
Deleuze, G., Guattari, F. (1980) *Mille plateaux: Capitalisme et schizophrénie*. Paris: Editions de Minuit. (宇野邦一・小沢秋広・田中敏彦他訳『千のプラトー：資本主義と分裂症』河出書房新社　1994)
Deri, S. K. (1984) *Symbolization and creativity*. NY: International Univetrsities Press, Inc.
海老沢敏（1989）『ミューズの教え：古代音楽教育思想をたずねる』音楽之友社
Ehrenzweig, A. (1967) *The hidden order of art: A study in the psychology of artistic imagination*. CA: University of California Press. (岩井寛・中野久夫・高見堅志郎訳『芸術の隠された秩序：芸術創造の心理学』同文書院　1974)
Ehrenzweig, A. (1975) *The psychoanalysis of artistic vision and hearing: An introduction to a theory of unconscious perception* (Third Edition). London: Sheldon Press.
Freud, S. (1905) *Der Witz und seine Beziehung zum Unbewußten*. G.W.VI. (「機知：その無意識との関係」中岡成文・太寿堂真・多賀健太郎訳『フロイト全集8』所

収　岩波書店　2008）
Freud, S.（1920）*Jenseits der Lustprinzips. G.W. XIII.*（「快原理の彼岸」須藤訓任訳『フロイト全集17』所収　岩波書店　2006）
Freud, S.（1921）*Massenpsychologie und Ich-Analyse G.W. XIII.*（「集団心理学と自我分析」藤野寛訳『フロイト全集17』所収　岩波書店　2006）
Freud, S.（1930）*Das Unbehangen in der Kultur. G. W. XIV.*（「文化の中の居心地悪さ」嶺秀樹・高田珠樹訳『フロイト全集20』所収　岩波書店　2011）
Gaston, E. T.（ed.）（1968）*Music in therapy.* NY: Macmillan Company.
Grinberg, L., Sor, D., Bianchedi, E. T.（1977）*Introduction to the work of Bion.* NJ: Jason Aronson.（高橋哲郎訳『ビオン入門』岩崎学術出版社　1982）
Hughes, M.（1995）A comparison of mother-infant interactions and the client-therapist relationship in music therapy sessions.　In T. Wigram, B. Saperston & R. West. *The art and science of music therapy: A handbook.* Netherlands: Harwood Academic Publishers.
市川浩（1992）『精神としての身体』講談社
稲田雅美（1997）「音楽療法における即興演奏の意義と役割」『日本音楽知覚認知学会公開シンポジウム抄録集』5-12。
稲田雅美（1998a）「ウィニコットの理論から見る即興演奏の意味」『日本音楽心理学音楽療法年報』28, 6-13。
稲田雅美（1998b）「臨床即興の精神分析的アプローチ」『同志社女子大学学術研究年報』49(3), 283-300。
稲田雅美（2001）「コフート理論とその〈背景音楽〉」『同志社女子大学学術研究年報』52(2), 215-239。
稲田雅美（2003a）『ミュージックセラピィ：対話のエチュード』ミネルヴァ書房
稲田雅美（2003b）「クラーゲスのリズム論から内省的意味の生成へ：経験の構成過程から見る，ミュージックセラピィについての理論的一考察」『同志社女子大学学術研究年報』54(1), 83-105。
稲田雅美（2004a）「音楽療法士に要請されるもの：臨床的音楽技術」『日本音楽療法学会誌』4(1), 38-45。
稲田雅美（2004b）「精神科リハビリテーションにおける音楽活動の意義：即興演奏と〈遊ぶこと〉の内実」『日本芸術療法学会誌』35(1, 2), 8-17。
稲田雅美（2005）「ミュージックセラピィの治療特性についての考察：精神病圏のクライエントを対象に」『人間存在論』11, 85-98。
稲田雅美（2006）「音楽療法と〈文化〉のなかの病いと語り」『日本音楽心理学音楽療法研究年報』35, 2-11。
稲田雅美（2007a）「芸術的営為の道程に存する治療的意義：音楽の根源的シニフィアンを求めて」『精神科治療学』22(8), 937-946。
Inada, M.（2007b）From performer to container: A psychiatric group with a musically-accomplished client. *British Journal of Music Therapy,* 21(2), 53-57.
稲田雅美（2008）「臨床的音楽活動における，音の作用と〈機知〉の可能性について」『精

神科治療学』23(11), 1365-1373。
稲田雅美（2010）「描画に託す音楽・音楽に託す描画：精神科臨床におけるセラピーのコラボレーション」『臨床描画研究』25, 78-93。
John, D. (1995) The therapeutic relationship in music therapy as a tool in the treatment of psychosis. In T. Wigram, B. Saperston & R. West. *The art and science of music therapy: A handbook.* Netherlands: Harwood Academic Publishers.
Kant, I. (1790) *Kritik der Urteilskraft.* Berlin: Lagarde und Friederich. （篠田英雄訳『判断力批判（上）（下）』岩波書店　1964）
加藤敏（1995）『構造論的精神病理学：ハイデガーからラカンへ』弘文堂
川田順造（1998）『聲』筑摩書房
北山修（2001）「治療者に求められるもの：プレイイング・マネージャーの二面性」『精神療法』27(3), 254-259。
Klages, L. (1944) *Vom Wesen des Rhythmus.* Zürich: Verlag Gropengiesser. （杉浦実訳『リズムの本質』みすず書房　1971）
Kleinmann, A. (1988) *The illness narratives: Suffering, healing and the human condition.* NY: Basic Books. （江口重幸・五木田紳・上野豪志訳『病いの語り：慢性の病いをめぐる臨床人類学』誠信書房　1996）
Knoblauch, S. (2000) *The musical edge of therapeutic dialogue.* NJ: Analytic Press.
Kohut, H., Levarie, S. (1950) On the enjoyment of listening to music. Psychoanalytic Quarterly, 19, 64-87. （久保儀明訳「音楽を聴く歓びについて」『imago』7(7), 134-155。青土社　1996）
Kohut, H. (1951) The psychological significance of musical activity. *Music Therapy*, 1, 151-158.
Kohut, H. (1957) Observation on the psychological functions of music. *Journal of the American Psychoanalytic Association*, 5, 389-407. （伊藤監訳「音楽の心理学的機能に関する観察」『コフート入門：自己の探求』所収　岩崎学術出版社　1987）
Kortegaad, H. M. (1993)　Music therapy in the treatment of schizophrenia.　In M. Heal & T. Wigram (eds.), *Music therapy in health and education.* London: Jessica Kingsley Publishers.
Lacan, J. (1949) *Le stade du miroir comme formateur de la function du JE, telle qu'elle nous est révélée dans l'expérience psychanaltytique.* （宮本忠雄・竹内迪也・高橋徹他訳「〈わたし〉の機能を形成するものとしての鏡像段階」『エクリ I』所収　弘文堂　1972）。
Lacan, J. (1973) Le Séminaire, Livre XI: Les quatre concepts fondamentaux de la psychanalyse. *Texte établi par Jacques-Alain Miller.* Paris: Seuil. （小出浩之・新宮一成・鈴木國文・小川豊昭訳『精神分析の四基本概念』岩波書店　2000）
Langer, S. K. (1942) *Philosophy in a new key: a study in the symbolism of reason, rite, and art.* MA: Harvard University Press. （矢野萬里・池上保太・貴志謙二・近藤洋逸訳『シンボルの哲学』1960）
Langer, S. K. (1957) *Problems of art: Ten philosophical lectures.* NY: Scribner. （池

上保太・矢野萬里訳『芸術とは何か』岩波書店 1967）
松木邦裕（2003）「クラインの二人の分析的息子たち：ウィニコットとビオンの場合」『ウィニコットの世界』現代のエスプリ別冊 至文堂
Mead, G. H.（1934）*Mind, self and society: From the standpoint of a social behaviorist.* Il: University of Chicago Press.（稲葉三千男・滝沢正樹・中野収訳『精神・自我・社会』青木書店，1973）
Meyer, L. B.（1956）*Emotion and meaning in music.* Chicago: The University of Chicago Press.
Meyer, L. B.（1961）On rehearsing music. *Journal of American Musicological Society*, 14, 257-267.
Minkowski, E.（1933）*Le temps vecu: Etues phenomenologiques et psychopathologiques.* Delachaux et Niestle, Neuchatel Suisse.（中江育生・清水誠・大橋博司訳『生きられる時間2』みすず書房 1973）
宮本忠雄（1994）『言語と妄想：危機意識の病理』平凡社
Moore, C., Dunham, P. J.（1995）*Joint attention: Its origins and role of development.*（大野英裕監訳『ジョイント・アテンション：心の起源とその発達を探る』ナカニシヤ出版 1999）
Moreno, J.（1985）Music play therapy: An integrated approach. *The Arts in Psychotherapy*, 12, 17-23.
中井久夫（1970）「精神分裂病者の精神療法における絵画の使用：とくに技法の開発によって作られた知見について」『芸術療法学会誌』2，77-90。
中谷陽二（1987）「分裂病の逸脱特性」『分裂病の精神病理15』所収 東京大学出版会
Nordoff, P., Robbins, C.（1971）*Music therpy for the handicapped child.* London: Gollancz Ltd.（櫻林仁・山田和子訳『心身障害児の音楽療法』日本文化科学社 1973）
Nordoff, P., Robbins, C.（1977）*Creative music therapy.* NY: John Day.
Noy, P.（1966）The psychodynamic meaning of music: Part I: A clinical review of the psychoanalytic and related literature. *Journal of Music Therapy*, 3(4), 126-134.
Noy, P.（1967a）The Psychodynamic meaning of music: Part II: A clinical review of the psychoanalytic and related literature. *Journal of Music Therapy*, 4(1), 7-23.
Noy, P.（1967b）The psychodynamic meaning of music: Part III: A clinical review of the psychoanalytic and related literature. *Journal of Music Therapy*, 4(2), 45-51.
Noy, P.（1967c）The psychodynamic meaning of music: Part IV: A clinical review of the psychoanalytic and related literature. *Journal of Music Therapy*, 4(3), 81-94.
Noy, P.（1967d）The psychodynamic meaning of music: Part V: A clinical review of the psychoanalytic and related literature. *Journal of Music Therapy*, 4(4), 117-125.
Noy, P.（1968）The development of musical ability. *Psychoanalytic Study of the Child*, 23, 332-347.
Ogden, T. H.（1986）*The matrix of the mind: Object relations and the psychoanalytic dialogue.* NJ: Jason Aronson.（狩野力八郎監訳『こころのマトリックス：対象関係

論との対話』岩崎学術出版社　1996)

Orange, D., Atwood, G., Stolorow, R. (1997) *Working intersubjectively: Contextualism in psychoanalytic practice.* Hillsdale, NJ: Analytic Press. (丸田俊彦・丸田郁子訳『間主観的な治療の進め方：サイコセラピーとコンテクスト理論』岩崎学術出版社　1999)

Orff, C. (1950) *Orff-Schulwerk: Music fur Kinder.* London: Schott.

Orff, G. (1989) *Key concepts in the Orff music therapy.* London: Schott.

Orgel, S. (1965) On time and timelessness. *Journal of the American Psychoanalytic Association*, 13, 102-121.

O'Shaughnessy, E. (1981) A commemorative essy on W. R. Bion's theory of thinking. *Journal of Child Psyhotherapy*, 7, 181-192.

尾崎新 (1992)『臨床・精神科デイケア論：デイケアの「ほどよさ」と「大きなお世話」』岩崎学術出版社

Pavlicevic, M. (1990) Dynamic interplay in clinical improvisation. *Journal of British Music Therapy*, 4(2), 5-9.

Pavlicevic, M. (1995) Interpersonal procession in clinical improvisation: towards a subjectively objective systematic definition. In T. Wigram, B. Saperston & R. West. *The art and science of music therapy: A handbook.* Netherlands: Harwood Academic Publishers.

Pavlicevic, M. (1997) *Music in context: Music, meaning and relationship.* London: Jessica Kingsley Publishers.

Picard, M. (1948) *Die Welt des Schweigens.* Zürich: Eugen Rentsch. (佐野利勝訳『沈黙の世界』みすず書房　1964)

Pristley, M. (1975) *Music therapy in action.* MO: MMB Music.

Priestley, M. (1995) Linking sound and symbol. In T. Wigram, B. Saperston & R. West (eds.), *The art and science of music therapy: A handbook.* Netherlands: Harwood Academic Publishers.

Rose, G. J. (1978) The creativity of everyday life. In S. A. Grolnick & L. Barkin (eds.), *Between Reality and Fantasy.* NY: Jason Aronson.

Rose, G. J. (2004) *Between couch and piano: Psychoanalysis, music, art and neuroscience.* NY: Brunner-Routledge.

Ruesch, J., Bateson, G. (1968) *Communication: The social matrix of psychiatry.* (佐藤悦子・R・ボスバーグ訳『精神のコミュニケーション：精神医学の社会的マトリックス』新思索社　1991)

Ruud, E. (1998) *Music therapy: improvisation, communication, and culture.* Gilsum, NH: Barcelona Publishers.

坂部恵 (1989)『ペルソナの詩学：かたり　ふるまい　こころ』岩波書店

阪上正巳 (2003)『精神の病いと音楽：スキゾフレニア・生命・自然』廣済堂出版

Schafer, R. (1981) Narration in the psychoanalytic dialogue. In W. J. T. Mitchell (ed.), *On narrative.* University of Chicago Press. (新妻昭彦訳「精神分析の対話における

語り」『物語について』（海老根宏他訳）所収　平凡社　1987）
Sechehaye, M.（1954）*Introduction à une psychothérapie des schizophrène.* Paris: Presses Universitaires de France.（三好暁光訳『分裂病の精神療法：象徴的実現への道』みすず書房　1974）
Segal, H.（1952）A psycho-analytical approach to aesthetics. *International Journal of Psycho-analysis.* 33, 196-207.（「美学への精神分析的接近」松木邦裕訳『クライン派の臨床：ハンナ・スィーガル論文集』所収　岩崎学術出版社　1988）
Segal, H.（1957）Notes on symbol formation. *International Journal of Psycho-analysis.* 38, 391-397.（「象徴形成について」松木邦裕訳『クライン派の臨床：ハンナ・スィーガル論文集』所収　岩崎学術出版社　1988）
Segal, H.（1991）*Dream, phantasy and art.* London: Routledge.（新宮一成他訳『夢・幻想・芸術：象徴作用の精神分析理論』金剛出版　1994）
新宮一成（1985）「ロベルト・シューマン論（1）：その性格特徴と音楽性」『日本病跡学会誌』29, 39-47。
新宮一成（1994）「ロベルト・シューマン論（2）：沈黙と幻聴」『日本病跡学会誌』, 47, 54-64。
新宮一成（1995）『ラカンの精神分析』講談社
新宮一成（2001）「病跡学と精神分析」『精神医学』43(2), 137-144。
白川佳代子（2001）『子どものスクィグル：ウィニコットと遊び』誠信書房
Stern, Daniel（1985）*The interpersonal world of the infant: A view from psycho-analysis and developmental psychology.* NY: Basic Books.（小此木啓吾・丸田俊彦監訳『乳児の対人世界：理論編，臨床編』岩崎学術出版社　1989, 1991）
Stern, Donnel（1997）*Unformulated experience: From dissociation to imagination in psychoanalysis.* NJ: Analytic Press.（一丸藤太郎・小松貴弘監訳『精神分析における未構成の経験：解離から想像力へ』誠信書房　2003）
Symington, J., Symington, N.（1996）*The clinical thinking of Wilfred Bion.* London: Routledge.（森茂起訳『ビオン臨床入門』金剛出版　2003）
高橋哲郎（1987）「精神病寛解期の精神分析的集団療法：対象関係論に基づく集団中心の接近」『集団精神療法』3(1), 65-72。
武満徹（1971）『音，沈黙と測りあえるほどに』（『武満徹著作集1』所収　新潮社 2000）
Tustin, F.（1980）Autistic objects. *International Review of Psycho-analysis*, 7, 27-39.
Tustin, F.（1984）Autistic shapes. *International Review of Psycho-analysis*, 11, 279-290.
Tustin, F.（1990）*The Protective Shell in Children and Adults.* London: Karnac Books.
内海健（2002）『スキゾフレニア論考：病理と回復へのまなざし』星和書店
梅本堯夫・岩吹由美子（1990）「旋律化の発達について」『発達研究』6, 133-146。
Winnicott, C., Shepherd, R., Davis, M.（eds.）（1986）*Home is where we start from.* London: Norton.（牛島定信監訳，井原成男・上別府圭子・斉藤和恵訳『家庭から社会へ』岩崎学術出版社　1999）

Winnicott, C., Shepherd, R., Davis, M. (eds.) (1989) *Psycho-analytic explorations*. London: Karnac books. (牛島定信監訳, 倉ひろ子訳『精神分析的探求 3：子どもと青年期の治療相談』岩崎学術出版社　1998)

Winnicott, D. W. (1958) *Collected papers: through paediatrics to psycho-analysis*. London: Tavistock Publications. (北山修監訳『小児医学から児童分析へ：ウィニコット臨床論文集 I』『児童分析から精神分析へ：ウィニコット臨床論文集 II』岩崎学術出版社　1989, 1990)

Winnicott, D. W. (1965) *The maturational processes and the facilitating environment*. London: Hogarth Press. (牛島定信訳『情緒発達の精神分析理論』岩崎学術出版社　1977)

Winnicott, D. W. (1971) *Playing and reality*. London: Tavistock Publications. (橋本雅雄訳『遊ぶことと現実』岩崎学術出版社　1979)

山中康裕（編）(1984)『H・NAKAI風景構成法』岩崎学術出版社

Yates, S. (1935) Some aspects of time difficulties and their relation to music. *International Journal of Psycho-analysis*, 16, 341-354.

哲学・思想事典　「技術論」「実践哲学」「実践理性」「ニコマコス倫理学」岩波書店　1998

事項索引

あ
アール・ブリュット　36, 101
遊びの場　38, 51
遊ぶこと　18, 30, 41, 47, 51, 71
アルファ機能　33, 34, 118
アルファ要素　33, 34, 116
アルファ要素化　36, 70, 112
移行対象　14, 29, 82
イデオグラム　68, 116
イラスト　41
大文字の他者　97
オスティナート　16
オルフ楽器　10
音楽構造　19, 49, 76, 104
音列技法　119

か
快原理　32, 77
カオス　102, 105, 106, 118
抱える環境　52
抱える機能　19, 27, 34, 47
鏡映し　51
仮象　102, 105
仮性適応　11, 27, 46
固いリズム　12
過同調　101
可能性空間　30, 51, 71, 82, 120
環境としての母親　19, 21, 28
奇怪な対象　33, 35, 115
機知　115–117
休符　16, 104
鏡像段階　97, 99
鏡像的ディスクール　99
共同注視　84

空想　78
グループ　18, 47
　——セラピィ　17
ゲシュタルト　10, 12, 76, 79, 80, 111
言語新作　68, 115, 116
根源的律動　98, 100

さ
錯覚　27
「地」　110
視覚イメージ　68, 116
自我のリズム　120
自己治癒　115, 121
自己の透明化　11, 46
自己防衛　47, 51, 101
　——的　27, 52, 110
シニフィアン　68, 94, 98, 103, 112, 114, 115, 117
自閉形象　14
自閉対象　13, 51, 79, 82
自由即興　10
主観的自己感　23
縮合　111, 115, 116
昇華　78
象徴形成　31, 36, 39
情動経験　26, 39
情動調律　24, 26, 84, 96
シンクロニー　26, 58, 94, 96, 97, 103
シンコペーション　51, 118
「図」　110
　——と「地」　20, 101
図形楽譜　41
生気情動　24, 74
精神病的パーソナリティ　34

精神療法　7, 31, 39
相補的同調　101
即興演奏　8, 37, 41, 47, 58, 60, 83, 90, 100, 109

た
体験の中立領域　112
対象としての母親　19, 21
ダイナミックフォーム　25
抱っこする母親　28
脱錯覚　28
超自我　79, 80
治療空間　78
沈黙　84, 106, 118, 124
統合失調症　68, 99
　──者　96, 111
同調過剰　11, 27, 46
閉じたメロディ　13, 15, 16
閉じたリズム　12, 15
唱え　111, 112, 114
ドローン　16

な
内在化　34
内容　33
なぞり　53, 101
人称性　119, 120

は
非精神病的パーソナリティ　34
一人でいられる能力　30
描画　62
表現形式　75, 81
病的幾何学主義　79
病的合理主義　79

風景構成法　62
プレイイング　31, 47, 71
文化的体験　30, 31, 83, 85
ベータ要素　35, 70, 112
変形　38, 69
包容機能　32, 38, 51, 52, 70
母子関係　23, 27, 96

ま
未分化　111, 114, 117, 119, 120
夢想　70, 115
無調的な音楽　81
無調性　119
モチーフ　60, 103, 104
模倣　53, 82, 97, 101, 112
　──再現　82, 83

や
病いの語り　75, 83
夢見　36, 66, 71, 72
容器　32, 47
予測　103
　──性　81, 82
欲求不満　15, 28, 33–35, 51, 52, 95

ら
リーダーシップ　19, 20
リトルネロ　102, 104
離乳させること　27
リフレイン　102

わ
枠づけ　62
和声進行　50, 54
笑い　111, 117, 120

人名索引

A

Aldridge, D. *53, 54*
Alvin, J. *2, 7, 10, 18, 123*
尼ヶ崎彬 *53*
Arieti, S. *37*
アリストテレス *87, 88*
Avstreih, Z. *26, 58, 94, 96*

B

バッハ, J. S. *122*
Backer, J. *34, 38*
Bailey, D. *9*
別府哲 *84*
Bergson, A. *120*
Bion, W. R. *ii, 2, 32–34, 38, 39, 69, 70, 112, 115*
Bollas, C. *69, 72, 120*
Boulez, P. *59, 61, 72*
ブラームス *100*
Brown, J. *26, 58, 94, 96*
Bruna, D. *41, 42, 45*
Bruner, J. *71, 84*
Bruscia, K. E. *10, 20*
Bunt, L. *7, 89*

C

Chemama, R. *97*
Choksy, L. *11, 21*
Coriat, I. H. *3*

D

Davis, M. *29, 31*
Deleuze, G. *iii, 102, 103*
Dunham, P. J. *84*

E

海老沢敏 *89*
Ehrenzweig, A. *103, 111, 116, 117, 120*

F

Freud, S. *ii, 2, 4, 32, 77–80, 111, 116, 121*

G

Gaston, E. T. *9, 18*
Griffiths, P. A. *122*
Guattari, F. *iii, 102, 103*

H

橋本雅雄 *121*

I

市川浩 *101*
稲田雅美 *iii, 1, 4, 8, 12, 58, 121, 122*
石田一志 *122*
岩吹由美子 *73*

K

加藤敏 *68, 98–100, 115, 117*
Kant, I. *120*
川田順造 *116, 119*
喜多郎 *122*
北山修 *19*
Klages, L. *54, 55*
Kleinmann, A. *74–77, 85*
Knoblauch, S. *96*
Kohut, H. *4*
Kortegaad, H. M. *51*

L
Lacan, J.　*iii, 97, 115*
Langer, S. K.　*25, 39, 69, 102*
Levarie, S.　*4*

M
Mead, G. H.　*18*
Meyer, L. B.　*3, 81*
Minkowski, E.　*79*
宮本忠雄　*36, 37, 105*
Moore, C.　*84*
ムソルグスキー　*122*

N
中井久夫　*62, 69*
中谷陽二　*11*
Nordoff, P.　*2*
Noy, P.　*2–4, 95*

O
Orange, D.　*87*
Orff, C.　*10, 11*
Orgel, S.　*95*
尾崎新　*11*

P
Pavlicevic, M.　*25*
Picard, M.　*106, 124*
Pristley, M.　*2*

R
Robbins, C.　*2*
Rose, G. J.　*120*

Ruud, E.　*89, 101*

S
坂部恵　*74, 80, 82*
阪上正巳　*12*
シューマン　*118, 119, 122*
Sechehaye, M.　*13*
Segal, H.　*37*
新宮一成　*98, 115, 118, 119, 121, 122*
Stern, Daniel　*ii, 3, 23–25, 74, 84, 96*
Stern, Donnel　*46, 47, 90*
Symington, J.　*34, 35, 70*
Symington, N.　*34, 35, 70*

T
高橋哲郎　*11*
武満徹　*38*
Tustin, F.　*11, 13, 14, 51, 79, 93*

U
梅本尭夫　*73*
内海健　*118*

W
Wallbridge, D　*29, 31*
Winnicott, D. W.　*ii, 2, 3, 14, 18, 19, 25, 27–32, 34, 36, 38, 39, 47, 51, 71, 82, 83, 85, 95, 96, 101, 112, 120–122*

Y
Yates, S.　*3, 95*
山中康裕　*62*

【著者略歴】
稲田雅美（いなだまさみ）
同志社女子大学学芸学部音楽学科卒業．
英国ギルドホール音楽演劇大学音楽療法専修課程修了．
のち，関西学院大学大学院社会学研究科社会福祉学専攻，1995 年に修士（社会学），京都大学大学院人間・環境学研究科人間・環境学専攻，2009 年に博士（人間・環境学）．
現在，同志社女子大学学芸学部教授．

主要著書
『音は心の中で音楽になる：音楽心理学への招待』（共著）（北大路書房　2000）『異文化との出会い！：子どもの心理に見る異文化理解』（共著）（ブレーン出版　2002）『ミュージックセラピィ：対話のエチュード』（ミネルヴァ書房　2003）『音楽文化学のすすめ：いま，ここにある音楽を理解するために』（共著）（ナカニシヤ出版　2007）『音楽療法の現在』（分担執筆）（人間と歴史社　2007）

主要訳書
『音楽療法：ことばを超えた対話』（ミネルヴァ書房　1996）『実践・発達障害のための音楽療法』（共訳）（人間と歴史社　2003）『子どもとつくる音楽：発達支援のための音楽療法入門』（共訳）（クリエイツかもがわ　2005）

音楽が創る治療空間
精神分析の関係理論とミュージックセラピィ

2012 年 2 月 10 日　初版第 1 刷発行

著　者　稲田雅美
発行者　中西健夫
発行所　株式会社ナカニシヤ出版
〒606-8161　京都市左京区一乗寺木ノ本町 15 番地
Telephone　075-723-0111
Facsimile　075-723-0095
Website　http://www.nakanishiya.co.jp/
Email　iihon-ippai@nakanishiya.co.jp
郵便振替　01030-0-13128

装幀＝白沢　正／印刷＝創栄図書印刷／製本＝兼文堂
Copyright © 2012 by M. Inada
Printed in Japan.
ISBN978-4-7795-0581-2

本書のコピー，スキャン，デジタル化等の無断複製は著作権法上での例外を除き禁じられています．本書を代行業者等の第三者に依頼してスキャンやデジタル化することはたとえ個人や家庭内の利用であっても著作権法上認められておりません．